좋은
기독교,
나쁜
기독교인?

If Christianity Is So Good, Why Are Christians So Bad?
by Mark Coppenger

Copyright © Mark Coppenger 2022
Originally published in English by Christian Focus Publications Ltd,
Geanies House, Fearn, Ross-shire, IV20 1TW, UK.
www.christianfocus.com
All rights reserved.

This Korean edition copyright © Word of Life Press, Seoul, 2025
Translated and published by permission.
Printed in Korea.

좋은 기독교, 나쁜 기독교인?

© 생명의말씀사 2025

2025년 1월 24일 1판 1쇄 발행

펴낸이 | 김창영
펴낸곳 | 생명의말씀사

등록 | 1962. 1. 10. No.300-1962-1
주소 | 서울시 종로구 경희궁1길 6 (03176)
전화 | 02)738-6555(본사) · 02)3159-7979(영업)
팩스 | 02)739-3824(본사) · 080-022-8585(영업)

기획편집 | 김민주, 허윤희
디자인 | 조현진
인쇄 | 영진문원
제본 | 보경문화사

ISBN 978-89-04-16910-8 (03230)

저작권자의 허락 없이 이 책의 일부 또는 전체를
무단 복제, 전재, 발췌하면 저작권법에 의해 처벌을 받습니다.

* 표지와 내지에 Mapo금빛나루 서체를 사용하였습니다.

좋은 기독교, 나쁜 기독교인?

"기독교가 그렇게 좋다면, 기독교인들은 왜 그렇게 나쁜가?"
If Christianity Is So Good, Why Are Christians So Bad?

마크 카펜저 지음 | 이제롬 옮김

생명의말씀사

추천사

기독교 변증학이 다루는 영역엔 쉽게 답하기 곤란한 윤리적인 질문이 포함되어 있다. '기독교가 그렇게 좋다면, 기독교인들은 왜 그렇게 나쁜가?'라는 질문은 부정적인 사례를 통하여 복음을 거부한다는 특징을 갖는다. 저자는 이런 부정적인 사례에 담긴 동일한 유형의 논리와 오류를 사용하여 '불교도, 이슬람교도, 심지어 무신론도 좋은데, 왜 나쁜 사람들이 있는 것일까?'라고 되묻는다. '신이 있다면, 이렇게 많은 악은 어디서 왔는가?'라는 질문에, 성 어거스틴이 '신이 없다면, 이렇게 많은 선은 어디서 왔는가?'라고 되물었던 것과 유사한 접근법이다. 저자는 일탈 된 부정사례를 인정하면서도 감정적 대응 대신에 균형 잡힌 생각을 하도록 만든다. 기독교를 거부하는 주장에 자기모순이 담겨 있음을 지적하면서도, 기독교인들에게는 믿음과 인격이 하나가 되어가는 성화의 중요성을 강조한다. 또한 세속사회를 살아가는 기독교인들에게 문화적 격차를 극복할 다양하고도 구체적인 방안들을 일러준다. 가나안 성도와 반기독교적인 문화적 정서에 대하여 고민을 하는 분들에게 참 좋은 책이다.

김기호
한동대학교 기독교변증학 교수

기독교 신앙에 이의를 제기하는 이유 중 하나는 바로 기독교인들의 그릇된 행동이다. 왜 기독교인들은 그렇게도 위선적인가? 왜 기독교인들은 그리스도처럼 행동하지 않는가? 이것이 기독교인들이 명확하고 정직하게 다루어야 할 문제점이다. 마크 카펜저는 이 과제에 착수했다. 저자는 수많은 기독교인의 그릇된 행동을 눈가림하기보다는 그들이 어떻게 이 중요한 문제에 응답할 수 있는지에 대해 몇 가지 유익한 통찰과 신학적 배경, 그리고 실제적인 지혜를 제공한다.

션 맥도웰(Sean McDowell)
캘리포니아주 라미라다, 바이올라대학교 변증학 교수

이 책에는 간결한 표현, 예리한 논리, 명쾌한 구성, 절묘한 재치, 냉철한 정직함, 생생한 설명 등이 조화롭게 잘 담겨 있다. 저자는 '기독교가 그렇게 좋다면, 기독교인들은 왜 그렇게 나쁜가?'라는 질문에 답하기 위해, 정답을 찾는 것만큼이나 그 문제에 대해 어떻게 생각해야 하는지를 보여준다. 이 책을 많은 이들에게 추천할 것이며, 학생들의 필독 도서로도 지정하려고 한다. 이 책은 '나쁜' 기독교인이 해답을 찾을 수 있는 유일한 수단을 부정할 수 없을 만큼 명쾌하게 제시하고 있기 때문이다.

로버트 야브루(Robert W. Yarbrough)
미주리주 세인트루이스, 커버넌트신학교 신약학 교수

기독교인은 단순히 죄 사함을 받은 사람만이 아닌 새로운 사람이 되어야 한다. 하지만 그들은 여전히 죄를 저지르고, 때로는 추악한 죄도 저지른다. 그렇다면 기독교인들은 복음을 전할 때 자주 접하게 되는 이런 불만에 어떻게 답해야 할까? 저자는 성경적이고 유용하되 재치와 지혜가 넘치는 전략을 제시한다.

쏘어 매즈던(Thor Masden)
미주리주 캔자스시티, 미드웨스턴신학교 신약학, 윤리학, 철학 교수

저자는 성경과 참된 기독교의 본질을 잘 알고 있다. 따라서 잘못된 정보에 기반을 둔 그릇된 판단을 용납하지 않는다. 또한 논리적으로 오류가 있는 부분을 잘 파악하여 그러한 것들을 효과적으로 드러내고 또 그것을 합당한 비판과 대조하기도 한다. 그 결과 이 책은 기독교인과 기독교 신앙에 대해 정직하게 답변하고 있으며, 그리스도를 더욱 신실하게 따르고자 하는 모든 신자들에게 큰 힘과 위로가 된다. 당신이 기독교인이라면 두 권을 사서 정직하게 물어오는 이와 함께 이 책을 읽으라. 그 사람에게는 예수님의 복음을 생각해볼 수 있는 기회가 될 것이며, 동시에 당신의 신앙은 더욱 굳건해질 것이다.

토마스 애스콜(Thomas Ascol)
플로리다주 케이프코럴, 그레이스침례교회 담임 목사,
파운더스미니스트리(Founders Ministry) 대표

마크 카펜저는 갈수록 세속화되고 있는 현대 사회에서 자주 직면하는 핵심 도전을 다룬다. 저자는 독자들 앞에 과거에 자신들이 고백한 신앙에 한참 못 미치는 삶을 살았던 기독교인들의 예를 보여주고, 또 그와 같은 부족한 기독교의 예들이 이 신앙을 무너뜨리려고 했던 이들에게 어떤 빌미가 되었는지를 지적함으로써 그 도전장의 내용을 샅샅이 파고든다. 그런 뒤 이 도전에 맞설 수 있는 유용한 변증적 도구들을 제시한다. 먼저 도덕적 동등성의 오류를 훌륭하게 설명함으로써 그것이 게으른 사고와 반쪽짜리 진실에 바탕을 둔 것임을 보여준다. 더 나아가 기독교에만 있는 독특한 내적, 외적 자기교정의 도구들을 꺼내 보여줌으로써 예수님의 삶과 모범이 이 도전의 궁극적인 답변임을 주장한다. 불신의 시대를 살아가는 기독교인에게 이 책을 강력 추천한다.

피터 리델(Peter G. Riddell)
호주 시드니, 호주신학대학 선임 연구원

목차

들어가며   10

1. 질문에 대한 몇 가지 질문   15

'기독교가 그렇게 좋다면, 기독교인들은 왜 그렇게 나쁜가?'라는 질문 자체의 구조를 면밀히 살펴보는 것이 중요하다.

2. 질문에 대한 책임은 우리에게 있다   27

기독교인들은 거듭난 새로운 삶을 고백한다. 따라서 자신의 행동에 대해 책임을 져야 하는 것은 당연한 일이다.

3. 넘쳐나는 '나쁜 기독교인'의 사례   45

기독교 신앙을 비판거리로 만드는 기독교인의 잘못된 행동 사례들은 개인적·교회적 차원에서 넘쳐난다.

4. 성경은 이렇게 말한다   65

성경에는 하나님께서 그분의 백성에게 주실 놀라운 변모와 열매에 대한 약속이 있다. 그와 함께 하나님께서는 구속받은 이들의 넘어짐에 대해서도 말씀하신다.

5. 정말 그러한가? 가짜 고백자들   85

문제를 일으킨 그 사람이 진정한 기독교인인지 묻는 것은 정당한 일이다.

6. 정말 그러한가? 의심스러운 이야기들   103

기독교인에 대해 잘못된 정보를 전하는 일이 흔히 있고, 특히 부정적으로 비치게 하는 일은 더 흔하다.

7. 정말 그러한가? 도덕적 동등성의 오류   129

불완전한 세상에서 신자들의 집단을 평가하려면, 다른 집단과 비교를 해보는 것이 공정한 일이다.

8. 기독교인의 항체: 경건 생활과 교회 생활   147

외부의 힘이 작용해야 하는 다른 집단과는 달리 기독교에는 스스로 교정할 수 있는 내적 장치들이 있다.

9. 기독교인의 항체: 가정과 교회를 넘어   175

기독교인들은 가정과 지역교회의 울타리 밖에서도 자신을 바로 세우는 조치들을 취한다.

10. 신앙의 환경 보호   201

기독교 신앙은 다양성을 수용하고 자유를 보장하는 환경에서 보다 건강하게 유지된다. 역사적으로 교회의 정직성과 공동선의 보호를 위한 많은 노력들이 있었다.

나머지 이야기   220
주   230

들어가며

잉글랜드의 희극인 에릭 아이들Eric Idle은 『일대기 비슷한 것』이라는 제목의 자서전에서 "라이프 오브 브라이언"이라는 영화를 만든 것에 대해 한 장을 할애했다. 거기서 그는 영화 제작자들에게는 하지 않았던 말을 다음과 같이 남겼다.

우리는 그리스도를 폄하할 수는 없다는 점에 대해 일찍부터 동의하고 있다. 모든 사람에게 평화를 선언하고, 온유한 자들을 대변하며, 가난한 이들을 돕고 아픈 이들을 고쳐주는 사람을 어떻게 공격할 수 있단 말인가? 그럴 수는 없다. 코미디는 어떻게 보면 진리를 찾는 일이다. 그 사람의 신성에 관한 문제는 잠시 제쳐 두더라도 그가 위대한 사람이었던 것만큼은 분명하다. 사실 기독교의 문제는 한 가지 교리를 놓고 서로 물고 뜯기를 마다하지 않는 그 추종자들이다. 성찬의 빵조각에 그리스도가 실제로 들어있다(인육을 먹는단 말인가?)고 믿지 않으면 화형을 당할 일이었고, 지금도 글루텐프리 빵이 진짜 그리스도의 몸이 될 수 있는지를 놓고 다투고 있다. 내 생각엔 정신 나간 짓들이다. 그리스도는 여성을 존중하고 구원했으며 그들을 보호했다. 하지만 그의 추종자들은 여성을 부정하고 억압했으며, 12세기 즈음에는 성직자들이 독신의 삶을 살아야 한다고 주장했는데, 그로 인해 자신의 딸들과 관계를 갖는 교황이나 소아성애가 나타나게 될 것은 너무도 뻔한 결과였다.[1]

여기서 우리는 본서가 제기하는 의문점을 다시 한번 마주하게 된다. 그것은 바로 '기독교가 그렇게 좋다면, 기독교인들은 왜 그렇게 나쁜가?'이다. 물론 우리 기독교인들은 훨씬 더 개인적인 난제에 직면하게 된다. 그것은 '나 자신이 이렇게 나쁜 짓을 많이 하는데, 어떻게 기독교인이라 자부할 수 있는가?'라는 질문이다. 우리는 아마 '나 이런 사람이야!'라기보다는 '나는 은혜로 구원받은 죄인입니다.' 혹은 '나는 그저 다른 거지들에게 어디서 음식을 구할 수 있는지 알려주는 거지일 뿐입니다.'라고 말할 것이다. 이 책에서는 일반적인 질문에 초점을 맞출 것이지만, 그에 대한 답을 찾아가면서 개인적인 부분도 다룰 것이다.

악의 문제 Problem of Evil 라는 고전적 주제는 지진이나 각종 질병에서부터 강도들에 이르기까지 세상의 선량한 사람들이 겪는 고통에 바탕을 두고 있다. 그러나 좀 더 구체적으로 살펴보면 거기에는 그리스도를 믿는다고 하는 이들에게 부당한 고통을 당하는 것에 대한 의문이 담겨 있다. 히틀러의 압제나 백혈병의 고통, 혹은 쓰나미에 휩쓸리는 일들은 그렇다 치더라도, 고백적 기독교인 professing Christians* 이라고 하는 사람들이 행하는 비열한 행위들은 어떻게 설명해야 하는가? 그리고 그러한 일들에 대해 하나님은 어떻게 스스로를 의롭다 하실 수 있는가?

물론 다른 종교나 이념 집단에 대해서도 이와 똑같은 질문을 할 수 있을 것이다. '이슬람/무신론/마르크스주의/불교가 그렇게 좋다면 무슬림/무신론자/마르크스주의자/불교도들은 왜 그렇게 나쁜가?' 어떤 집단도 그와 같은 성찰로부터 예외일 수는 없다. ISIS와 같이 악명 높은 범죄 집단이 있는가 하면, 어떤 집단은 더 나은 세상을 만드는 것에는 무관심한 채 고립된 것에 대해 비난을 받는다. 본서에서

---

* 미국의 유명한 기독교 잡지인 「크리스채너티 투데이」에서 독자들을 대상으로 한 조사에 따르면, 미국 기독교인들은 그들의 신앙적 태도에 따라 크게 다섯 가지 유형으로 나눌 수 있다고 한다. 가장 큰 비율을 차지한 유형은 '사적인 기독교인'(24%)이고, 그다음은 '문화적 기독교인'(21%), '고백적 기독교인'(20%), '적극적 기독교인'(19%), 마지막은 '예배형 기독교인'(16%)이다. 이 중에서 '고백적 기독교인'은 그리스도를 구원자이자 주님으로 인정하고 고백하는 이들이라는 점에서 상위 두 부류의 기독교인과 차이를 보인다. 해당 조사의 결과는 크리스채너티 투데이에서 발간하는 「리더십 저널」 2007년도 가을 호에 "5 Kinds of Christians: Understanding the disparity of those who call themselves Christian in America."라는 제목으로 수록되어 있다.

이러한 문제들을 언급은 하겠지만, 이에 대한 변증은 당사자들의 몫으로 남겨두고자 한다. 그 신도들의 문제는 그들이 직접 설명하도록 하자.

본문의 이해를 돕기 위해 옮긴이의 첨언을 각주(*표시)로 수록하였습니다.
책 전체에 수록된 각주는 별도의 안내가 없더라도 옮긴이의 첨언임을 밝힙니다.

"기독교가 그렇게 좋다면, 기독교인들은 왜 그렇게 나쁜가?"
If Christianity Is So Good, Why Are Christians So Bad?

1.

질문에 대한 몇 가지 질문

'기독교가 그렇게 좋다면, 기독교인들은 왜 그렇게 나쁜가?'* 라는 질문에 답하기 전에 이 질문 자체에 대해 몇 가지 질문을 하는 것이 합당할 것이다.

축어적인가, 수사적인가?

첫째, 이것은 글자 그대로의 질문인가 아니면 수사적인 질문인가?

---

* *If Christianity Is So Good, Why Are Christians So Bad?*, 이 질문은 본서의 원제이기도 하다.

이러한 질문은 의아한 마음에 진지하게 물어보는 것일 수 있고, 공격적인 도발이나 폄하, 또는 부조리를 지적하면서 '내 말이 틀렸나!' 하는 식으로 던지는 말일 수도 있다. 앞에서 언급한 악의 문제를 다룰 때 이런 종류의 질문이 나올 수 있다. 자녀를 잃은 기독교인 부모가 '전능하시고 사랑이 많으신 하나님께서 어떻게 이런 일이 일어나게 두시는가?'라며 눈물 가운데 질문할 수 있다. 반대로 회의론자들이 신자들의 믿음을 조롱하고 깎아내리기 위해 질문할 수도 있다.

본서에서는 이러한 도전과, 도전을 받고 마음이 편치 못한 이들을 모두 다루며, 기독교 신앙은 물론이요 신자들도 변호하고자 한다. 이것은 신자들을 격려하기 위한 목회적 활동이자, 비판자들의 주장에 반박하기 위한 노력, 즉 '변증'(apologetics-구두/법적 변호를 뜻하는 그리스어 apologia에서 온 단어) 작업이라고 할 수 있다.

현대 영어에서 '변증'an apology은 '미안합니다.'라고 사과할 때, 즉 잘못을 인정하고 해결책을 찾고자 할 때 쓰는 말이다.* 이와 달리 자신의 잘못을 인정하지 않을 때는 '변호하다'being defensive 라는 말을 주로 쓴다. 물론 어느 정도 잘못을 인정할 여지는 있지만, 비판자에게 공정한 심리를 제공하지 않는 '방어적인 태도'와 '방어할 만한 것을 방어하는' 변증의 영역에는 차이가 있다. 본서에서는 후자를 포기하지 않으면서 전자의 우를 범하지 않고자 한다.

---

* 영어의 'apology'는 그런 의미이지만, 한국어의 '변증'(辨證)과는 다소 차이가 있다.

그럼에도 불구하고 우리는 스스로 기독교인이라 하는 이들의 행동이 신자들은 물론 불가지론자들이나 호의적인 무신론자들조차도 당혹스럽고 탄식하게 할 수 있음을 인정해야만 한다. 그들은 도대체 뭐가 문제인지 정말로 알고 싶어 한다. 어쩌면 불신자들이 기대하는 바는, 1960년대의 인권운동 같은 위대한 가치를 위해 공동전선에 참여하는 것처럼, 교회가 더 나은 모습을 보여주는 것인지도 모른다.

혹시 이제 막 회의적인 불신에서 벗어났지만, 아직은 미덥지 못한 모습의 믿음의 공동체와 같은 편에 설 확신이 없는 '구도자들'도 있을지 모른다. 교회의 역사 속에서, 그리고 자신이 출석하는 교회에서 직접 목격한 일들에 대해 부끄러움과 자괴감을 느끼는 기독교인들도 있을 것이다. 그들은 예수님을 알고, 믿고, 의지하며, 구원을 확신하고, 영적으로 성장함에 따라 신자로서 더 나은 행보를 보인다.

하지만 예수님의 이름표를 달고 있는 기독교인들이 저지르는 사악한 행위를 그들은 어떻게 이해해야 하는가? 또한 예수님의 이름으로 악을 행하는 것을 어떻게 받아들여야 하는가? 본서에서는 이러한 점에 대해서도 함께 살펴보고자 한다.

복합 질문

논리학에서 말하는 '비형식적 오류'란 제시된 근거가 주장을 뒷받침하는 데 관련성이 없거나 사용하는 언어가 애매하기 때문에 발생하는 오류를 말한다. 이는 논리적 전개가 반드시 틀렸다거나 오류를 범한 사람의 주장이 잘못되었음을 증명하는 것은 아니다.

다만 비형식적인 오류는 그 사례가 충분하지 않고, 따라서 그것을 주장하기 위해서는 더 많은 증거가 필요하다. 아마 가장 유명한 것은 주장이나 논리 자체보다는 그것을 주장하는 사람을 공격하는 '대인 논증'argumentum ad hominem일 것이다. 예를 들어, "왜 우리가 당신 말을 들어야 하지? 당신은 그저 어린애(혹은 늙은이)에 불과한데 말이야."라고 말하는 것이다.

또 하나는 어떤 일 앞에 일정하게 일어나는 일은 반드시 그 일의 원인이라고 주장하는 '이 뒤에, 따라서 이 때문에'post hoc, ergo propter hoc가 있다. 예를 들어, "헤로인을 사용하는 사람들은 모두 우유부터 시작했습니다. 그냥 그렇다고요."와 같은 것이다. 이러한 오류들은 수십 개가 되는데, '연민에 대한 호소'ad misericordiam, '위력에 대한 호소'ad baculum와 같이 라틴어 이름이 붙어 있기도 하고, 또 어떤 것은 '미끄러운 비탈길'slippery slope, '거짓 이분법'false dichotomy과 같이 평이한 옛날 영어로 부르기도 한다.

다시 말하지만 오류가 있다고 해서 명분까지 다 사라지는 것은 아니다. 여전히 그 주장이 옳을 수도 있다. 다만 그렇게 하는 것은 자신의 주장을 관철하기 위해 (결정적으로 보이지만) 부적절한 방향을 택한 것이므로 이에 대해서는 의문을 제기할 필요가 있다. 그래서 우리는

"반칙!"이라고 외치며 더 나은 방향을 요구하는 것이다. 단지 피고인에게 비열한 언사를 퍼부었다고 해서 그가 무죄가 된다는 뜻은 아니다. 그저 그러한 행동을 깨끗이 정리하고 다른 방법으로 접근하면 되는 것이다.

본서에서 다루고자 하는 오류는 '복합 질문'이라고 부른다. 질문에 숨은 뜻이 담겨 있어서 응답자가 그것을 바로 잡을 수 없는 상황으로 몰아넣는 것이다. 예를 들어, 누군가에게 "당신은 이제 더 이상 아내를 때리지 않습니까?"라고 묻는다면, "네." 혹은 "아니오." 중에 어떻게 답을 해도 결국 과거에 아내를 때렸다는 사실을 내포하게 되는 것이다.

이와 유사하게 본서가 제기하는 의문점인 '기독교가 그렇게 좋다면, 기독교인들은 왜 그렇게 나쁜가?'라는 질문에도 숨은 뜻이 담겨 있다. 이 수수께끼에 어떤 답을 한다는 것 자체가 '기독교인은 나쁘다.'라고 인정한다는 뜻이 된다. 그렇다면 우리는 여기서 함정에 빠지는 것은 아닌지 잘 생각해보아야 한다.

핵심적 단어 정의

누가 어떤 용어를 사용할 때, 그것이 어떤 의미인지 묻는 것은 언제나 필요한 일이다. 누군가 침례교 신자인 나에게 칼빈주의자냐고 묻는다면 나는 아마도 그 개념을 분명히 해달라고 되물을 것이다. 그 질문은 내가 존 칼빈의 성경 해석을 따라 예수님께서는 오직 그분께서 구원하시기로 미리 택하신 이들만을 위해 죽으셨다고 믿는지를 묻는 것인가, 아니면 한 번 구원을 얻으면 그 구원을 결코 잃어버리지 않는다고 믿는지 묻는 것인가? 혹은 그 이상의 의미를 담고 있는가? 예컨대, 유아세례를 주는 것이나 삼위일체 하나님의 모습을 초상화로 그리려 하지 않는 것을 뜻하는가?

정확한 의미를 말해주면 나도 그에 맞는 답을 해줄 것이다. 이와 마찬가지로 우리는 '기독교'와 '기독교인'이라는 단어를 어떻게 사용하고 있는지 물어야 한다. 그뿐 아니라 '좋다'와 '나쁘다'라는 말은 또 어떤가? 더 나아가 무언가가 '그렇게' 좋다거나 '그렇게' 나쁘다는 것은 무슨 의미인가?

논의를 진행해가면서 이러한 용어들을 계속 살펴보겠지만, 당장은 몇 가지 관점에 주목해보자. 예를 들어, 어떤 사람이 스스로 기독교인임을 공개적으로 고백했음에도 법정에서 그것을 입증할 만한 충분한 증거를 찾지 못했다면 그는 기독교인인가? 또한 기독교란 하나의 신념 체계인가, 사람들의 집합체인가, 삶의 방식인가, 아니면 본질적으로 어떤 한 인물, 곧 예수님과의 관계인가? 그것도 아니면 이 모든 것의 일부 혹은 전부를 결합한 것인가? 그리고 윤리적 가치를 담고 있는 '좋다'와 '나쁘다'라는 용어는 어떠한가?

주전 약 400년경 소크라테스가 한 젊은이의 마음속에 '에우튀프론의 딜레마'Euthyphro Dilemma를 새겨 넣은 이후 지금까지 모든 윤리학자는 그 문제를 놓고 씨름해왔다. 소크라테스가 물었던 것은 사실상 '하나님께서 좋다고 말씀하셔서 좋은 것인가, 아니면 원래 좋은 것이기 때문에 하나님께서 좋다고 말씀하시는가?'라는 질문이다. 다시 말해서, 궁극적으로 윤리적 가치와 도덕성을 정의하는 것은 무엇인가? 무언가가 처참한 상태에 있는지 아니면 훌륭한 모습을 하고 있는지를 결정하는 근거는 무엇이고, 어떤 것이 정상적인 범위 안에 있는지 아니면 그 밖에 있는지를 판단하는 기준은 무엇인가?

그다음에는 정도의 문제가 있다. 즉 '그렇게'라는 수식어의 사용을 정당화할 수 있는 전제가 무엇인가 하는 점이다. 명예의 전당에 오른 야구 선수 테드 윌리엄스Ted Williams가 기록한 타율을 예로 들어보자.

야구를 잘 아는 사람이라면 깜짝 놀라며 "세상에 누적 타율이 평균 3할 4푼 4리나 되다니, 어떻게 하면 그렇게 대단한 타자가 될 수 있지?"라고 말할 것이다. (이 기록의 의미는 1,000번의 타석에서 344개의 안타를 쳤다는 뜻이다.) 반면 잘 모르는 사람은 "1,000번의 기회 중에 656번을 날려버리다니 어떻게 그렇게 방망이질을 엉망으로 할 수 있지?"라고 반문할 수 있다.

이 모든 것은 현실적인 기대치에 따라 달라지는 것이다. 따라서 비판하는 사람이 그 대상에게 터무니없는 기준을 가져다 대는 이상주의자는 아닌지 질문해볼 필요가 있다.

다시 말해서, 그들은 좋고 나쁨을 판단하기 위해 어떤 '표준도량형'

을 사용하는가? 대상이 되는 기독교인 한 명을 넬슨 만델라와 비교하면 되는가? 아니면 임마누엘 칸트? 테레사 수녀? 소크라테스? 혹은 플라톤의 이데아? '예수님이라면 어떻게 하실까?'라고 물어야 하나? 아니면 '간디라면 어떻게 할까?'가 더 좋을까? 반대로 나쁨을 정의하려면 '히틀러라면 어떻게 할까?'라고 해야 하나? 물론 진실한 기독교적 행위에 대해 시비를 가릴 수 있는 광범위한 합의가 존재하기란 쉽지 않다.

예를 들어, '개종시키다'라는 단어를 생각해보자. 기독교를 비판하는 이들에게(심지어 스스로 기독교인이라고 하는 어떤 이들에게도) 이것은 불쾌한 말이다. 하지만 예수님께서 마태복음 28장 19-20절에서 "모든 민족을 제자로 삼"으라고 말씀하신 '지상명령'을 따르는 신자들에게 이것은 명령이다. 또한 복음서와 서신서의 성경 인용이 현대의 대학 캠퍼스에서 '혐오 발언'으로 비난받는 사례가 얼마나 많은지 한번 생각해보라.

주목해야 할 점은, 기독교인들은 세상이 자신들에게 적대적이라는 점에서는 의견이 일치하지만, 여러 가지 윤리적 사안에 대해서 여전히 생각이 통일되지 못했다는 것이다. 예컨대, 핼러윈을 즐기는 일부터 사적인 모임에서 술을 마시는 것이나 대선에서 투표하는 방식에 이르기까지 모든 부분에서 우리는 서로 상대방의 발언과 행동을 깎아내린다.

마지막으로, 이와 관련하여 비판하는 이들이 일종의 과민증(지극히 사소한 일이나 불편함에 대해 지나치게 염려하는)이나 혹은 건강염려증(아주 사소한 증상에서 심각한 의학적 징조를 읽어내려는 습관)을 앓고 있지는 않은지 질문해 보는 것도 필요한 일이다.

동일한 질문의 다양한 변형

앞서 언급한 것처럼 본서가 제기하는 질문의 구조를 적용하면 다른 여러 가지 질문이 가능하다. 예를 들어, '무신론(사회주의, 힌두교, 불가지론, 학문 세계)이 그렇게 좋다면, 무신론자들(사회주의자들, 힌두교도들, 불가지론자들, 학자들)은 왜 그렇게 나쁜가?' 등이 가능하다. 아니면 좀 더 박애적인 입장에서 '무신론(기타 등등)이 그렇게 나쁘다면, 무신론자들(기타 등등)은 왜 그렇게 좋은가?'라고 할 수도 있을 것이다.

특정 집단의 관점에서 보면, 이런 질문들은 다소 이상하거나 경솔하게 짜 맞춘 것처럼 불편하게 들린다. 너무 광범위한 일반화를 하는 것이고, 어쩌면 고정관념을 끌어들이는 것이기도 하다. 그래서 자신의 개인적인 경험을 밀어붙이려는 것은 아닌지 의심을 사기도 한다.

이는 또한 이념에만 국한되지 않는다. '출판사가 그렇게 좋다면, 책들은 왜 그렇게 엉망인가?'라는 질문이나, '교육이 그렇게 좋다면, 학교들은 왜 그렇게 나쁜가?' 등의 질문은 어떤가? 이 또한 얼마든지 가능하다.

어쩌면 내가 예민하고 까칠한 사람이어서 이렇게 질문에 대한 질문을 제기하는 것인지도 모르겠다. 그러나 성경은 여러 곳에서 교회가 그리스도의 신부라고 말한다. 예를 들어, 에베소서 5장 22-24절 말씀은 교회가 그리스도에게 복종하듯 아내들도 자기 남편에게 복종하라고 가르친다.

이러한 이미지를 염두에 두고 본서의 핵심 질문을 보면, 그것은 주님의 신부가 못생겼다고 하는 도발적인 의미를 담고 있는 것으로 볼 수 있다. 따라서 내가 다소 흥분하더라도 너그러운 마음으로 읽어주기를 바란다.

그럼 이제 지금까지 살펴본 내용들을 간단하게 정리해보자.

▸ 요점 정리

- 시작하기에 앞서 '기독교가 그렇게 좋다면, 기독교인들은 왜 그렇게 나쁜가?'라는 질문 자체의 구조를 면밀히 살펴보는 것이 중요하다.
- 어떤 이들은 도발하기 위해 수사적인 의미로 이러한 질문을 할 것이고, 또 다른 이들은 순전히 당혹스러움에 이러한 질문을 할 것이다.
- 이 질문은 그 안에 의심스러운 전제를 담고 있다는 점에서 '복합적이다.' 혹은 '숨은 뜻이 있다.'라고 할 수 있다.
- 명확한 사고를 하기 위해서는 정의를 내리는 일이 중요하다. 이 질문의 경우에는 '기독교'와 '기독교인', 그리고 '좋다'와 '나쁘다', 심지어 '그렇게'

라는 말이 무엇을 뜻하는지 분명하게 못 박을 필요가 있다.
- '기독교' 자리에 다른 단체나 기관(불가지론이나 출판사 등)을 넣어보면 이 질문의 취지와 정당성을 더 잘 판단할 수 있다.

"기독교가 그렇게 좋다면, 기독교인들은 왜 그렇게 나쁜가?"
If Christianity Is So Good, Why Are Christians So Bad?

2.

질문에 대한 책임은 우리에게 있다

프랑스 작가 라 로슈푸코 La Rochefoucauld 는 "위선은 악이 선에게 돌리는 찬사이다."라는 말을 했다. 높은 수준의 도덕적 규범을 따르지 않는 사람은 자신의 못된 행실을 가림으로써 결국 그러한 규범에 존중을 표하지 않는다. 이것을 다르게 표현하자면, 아무것도 내세우지 않으면 위선자가 될 일도 없다는 말이다. 그런데 기독교는 많은 것을 내세우고 또 그에 대해 많은 것을 약속하기 때문에 우리는 쉽게 표적이 된다.

우리가 주장하는 바는 '새로운 삶을 사는 것'인데, 고백적 기독교인이라는 수많은 이들이 문제를 일으키고 있으니 도대체 무엇이 잘못된 것인가? 자칭 기독교인이라는 이들이 저지른 나쁜 짓을 '우리는 그저 '인간일 뿐'이라는 말로 덮어버리는 것은 옳지 않다. 물론 우리가 인간인 것은 사실이다. 따라서 우리는 파괴적이고 상처 주는 행동을 하게 만드는 유혹과 망상에서 벗어날 수 없다. 하지만 우리는 '어떤 일'이 우리에게 일어났고, 그로 인해 이전보다 더 나은 존재가 되었다고 주장한다. 바로 세상에 주시는 축복이요, 선한 행실의 본이 되는 것이다. 이는 물론 성경을 통해서도 확인할 수 있다.

성경에서 말하는 거듭남

마태복음 5장 13-16절에서 예수님께서 이렇게 말씀하신다.

> 너희는 **세상의 소금**이니 소금이 만일 그 맛을 잃으면 무엇으로 짜게 하리요 후에는 아무 쓸 데 없어 다만 밖에 버려져 사람에게 밟힐 뿐이니라 너희는 **세상의 빛**이라 산 위에 있는 동네가 숨겨지지 못할 것이요 사람이 등불을 켜서 말 아래에 두지 아니하고 등경 위에 두나니 이러므로 집 안 모든 사람에게 비치느니라 이같이 너희 빛이 사람 앞에 비치게 하여 그들로 너희 **착한 행실**을 보고 하늘에 계신 너희 아버지께 영광을 돌리게 하라 (강조는 저자 표시)

다시 말해서 신자들의 목적은 소금이 되어 문화에 맛을 내고 그것이 썩지 않게 하는 것이며, 또한 빛이 되어 사람들이 넘어지거나 방향을 잃지 않도록 길을 보여주는 것이다. 그야말로 기독교인들은 그들의 훌륭한 행실을 통해 자신들이 믿는 하나님께서 사람들로부터 공경을 받으시도록 해야 한다.

예수님께서는 요한복음 13장 34-35절에서 계속해서 다음과 같이 말씀하신다. "새 계명을 너희에게 주노니 서로 사랑하라 내가 너희를 사랑한 것 같이 너희도 서로 사랑하라 너희가 서로 사랑하면 이로써 모든 사람이 너희가 내 제자인 줄 알리라." 만약 교회 내에서 일어나는 사소한 말다툼에 이와 같은 기준을 가져다 대면 그 기독교인들은 반드시 이런저런 변명을 할 것이다.

바로 그때 사도 바울은 고린도후서 5장 17절에서 철저한 변화라는 주제를 꺼내 들며 이렇게 말한다. "그런즉 누구든지 그리스도 안에 있으면 새로운 피조물이라 이전 것은 지나갔으니 보라 새 것이 되었도다."

이것은 예수님께서 요한복음 3장 7절에서 "내가 네게 거듭나야 하겠다 하는 말을 놀랍게 여기지 말라"고 하신 말씀의 메아리이다. 즉 주님은 사람의 인생에 커다란 변화를 일으키시는데, 그러한 변화는 누가 봐도 알 수 있는 단정함, 관대함, 현명함, 강직함, 그리고 은혜로운 성품 등의 특징을 나타낸다.

이는 마치 하나님께서 처음에는 거친 캔버스 천이었던 우리를 비단으로 변화시켜 주시는 것과 같다. 그분께서 우리에게 구원의 역사를 행하시면 우리는 다른 존재가 되는 것이다. 이러한 내용은 다른 신념이나 이념 체계 속에서는 찾아볼 수 없다. 물론 그런 곳에서도 새로운 신조를 신봉하는 일이나 새로운 공동체에 속하는 일, 그리고 새로운 사조를 받아들이는 일은 혁명적이라 할 수 있다.

그와 같은 이유로 맬컴 리틀Malcolm Little은 감옥에서 네이션 오브 이슬람Nation of Islam의 맬컴 엑스Malcolm X가 되었고, 후에 그의 이름을 따서 제목을 붙인 헌정 영화가 제작되어 배우 덴젤 워싱턴이 주연을 맡기도 했다.

또 젊은 의대생이었던 에르네스토 게바라Ernesto Guevara는 남미의 곳곳으로 오토바이 여행을 떠났다가 그곳의 빈곤과 질병의 실상을 보고 급진주의자가 되었다. 그는 결국 마르크스주의 혁명가 '체'Che가 되었고, 지금까지도 그의 얼굴은 셀 수 없이 많은 티셔츠에 인쇄되어 팔리고 있다. 물론 그의 헌정 영화인 "모터사이클 다이어리"와 함께 말이다.

참으로 커다란 변모이다. 그러나 만약 맬컴이 자신의 대의를 포기하고 '맬컴 리틀'로 돌아가 버렸거나 체가 다시 의대에 복학해서 부에노스아이레스에서 편안한 의사 생활을 추구했다면, 우리도 형이상학적인 논의는 하지 않았을 것이다.

사람들은 변한다. 하지만 기독교인에게는 무언가 다른 것이 있다. 왜냐하면 우리는 스스로의 힘이 아닌 하나님의 주권적인 능력으로 '변화된 사람들'이고, 그 주권자는 우리가 변모해가는 것을 감독하실

뿐만 아니라 그러한 변화가 확실하고 완벽하게 일어나도록 하시기 때문이다. 따라서 윤리적 척도가 더 높다. 기독교인들은 극적이면서도 지속적으로 변화하여 세상과 구분되기 때문에 예수님께서 제시하신 길에서 계속 벗어나는 사람을 보면 그의 거듭남에 의문을 제기할 수밖에 없다. 내가 신학교에서 들었던 오래된 격언 중에는 이런 것이 있다. "막이 내리기 전에 꺼져버리는 믿음은 처음부터 거짓된 것이었다." 이로써 "그래, 알겠소. 그런데 당신도 만만치 않게 나빠."라는 식의 '피장파장의 오류'*tu quoque*는 설 자리를 잃게 된다.

다시 성경으로 돌아가 보면, 진정한 기독교인은 그저 좀 더 나은 이웃이 아니라 더 많은 복을 받은 이웃이라는 사실을 알게 된다. 예수님께서 요한복음 10장 10절 뒷부분에서 말씀하시길, "내가 온 것은 양으로 생명을 얻게 하고 더 풍성히 얻게 하려는 것이라"고 하셨다. 이는 인간의 의지로는 설명할 수 없는 말씀이다.

우리는 "할 수 있어. 할 수 있어."라고 연신 외치면서 언덕을 오르는 『씩씩한 꼬마 기관차』가 아니다. 하나님께서 우리 안에 성령님을 불어넣어 주실 때, 비로소 타인을 괴롭히고 자멸하는 인간의 성향을 거스를 수 있다. 사도 바울은 갈라디아서 5장 19-24절에서 이것을 다음과 같이 표현한다.

> **육체의 일**은 분명하니 곧 음행과 더러운 것과 호색과 우상 숭배와 주술과 원수 맺는 것과 분쟁과 시기와 분냄과 당 짓는 것과 분열함과

이단과 투기와 술 취함과 방탕함과 또 그와 같은 것들이라 전에 너희에게 경계한 것 같이 경계하노니 이런 일을 하는 자들은 하나님의 나라를 유업으로 받지 못할 것이요 오직 **성령의 열매**는 사랑과 희락과 화평과 오래 참음과 자비와 양선과 충성과 온유와 절제니 이같은 것을 금지할 법이 없느니라 그리스도 예수의 사람들은 육체와 함께 그 정욕과 탐심을 십자가에 못 박았느니라

본문 앞부분의 내용은 마치 선정적인 심야 토크쇼에서 다루는 주제들처럼 들린다. 반면 뒷부분의 내용은 너무도 멋진 것들이라 어떻게 그리스도를 따른다고 고백하는 이들이 그토록 한심스러울 수 있는지 묻지 않을 수 없게 만든다.

새로운 삶에 관한 교리적 진술

수천 년에 걸쳐 기독교인들은 신앙고백서와 신조와 같은 교리적 진술에서 신자들이 도덕적으로 업그레이드 되어야 한다고 주장해왔다. 예를 들어, **영국 성공회 신조** 제12조에서는 선행이 구원을 이루기에 충분한 것은 아니지만 "신앙의 결실이며 … 참되고 살아있는 신앙에서는 반드시 나타나는 것이기도 하다. 그러므로 마치 나무가 열매를 통해 구별되듯이 선행으로 살아있는 신앙이 분명하게 알려지

는 것이다."라고 고백한다.

이와 유사하게 **로마 가톨릭의 트리엔트 공의회 교령** 제16장에서는 "그리스도 예수님께서는 머리가 몸의 지체에 하듯, 그리고 포도나무가 가지에 하듯, 친히 의롭다 함을 받은 이들에게 끊임없이 힘을 불어넣어 주시며, 바로 이 힘이 언제나 먼저 오는 것이고 그리고 나서 그들의 선행이 함께 혹은 그 뒤를 따라오는 것이다…."라고 고백한다.

남침례신학교의 근간이 된 문서 중 하나인 **원리강령**(1859)에서는 다음과 같이 말하고 있다. "거듭남은 성령님께서 일으키시는 마음의 변화이다. 성령님께서는 죄와 허물 가운데 죽은 이들을 다시 살리시고, 그들의 마음속에 영적인 구원의 빛을 비추심으로써 하나님의 말씀을 이해할 수 있게 하시며, 또한 그들의 전인격을 새롭게 하심으로써 거룩함을 사랑하고 실천할 수 있게 하신다."

도르트 신조(1619)에서는 '거듭나게 하시는 성령님'의 확실한 역사에 대하여 이렇게 고백한다. "성령님께서 확실히 역사하심으로써 사람의 내면 가장 깊은 곳까지 꿰뚫고 들어가신다. … 닫힌 것을 여시고, 굳어진 마음을 부드럽게 하시며 … 그들의 의지 속에 새로운 속성을 불어넣으신다. 그러면 그 의지는 죽었다가 살아나고, 악했던 것이 선해지며, 억지로 하던 것을 기꺼이 하게 되고, 고집스럽던 것이 온순해진다. 이처럼 그 의지를 변화시켜 견고히 세우심으로써 마치 좋은 나무와 같이 선한 행실이라는 열매를 맺을 수 있도록 하신다." 밤이 지나면 아침이 오듯, 성령님의 구원 역사에서 고결한 도덕적 삶이 열매 맺는 것은 너무나 당연한 일이다.

성경 속의 예

성경에는 교훈적인 예들, 즉 최고의 모범이 되는 구체적인 예시들이 가득하다.

마가복음 5장 1-20절에서는 거라사 지방의 귀신 들린 사람의 이야기를 들려준다. 그는 벌거벗은 채 무덤 사이를 뛰어다니며 자기의 몸을 상하게 하던 중 예수님을 만나게 되는데, 예수님께서는 악하고 더러운 귀신에게서 그 사람을 해방시켜 주신다. 그 결과는 너무도 놀랍고 두려움을 자아내는 것이었다. "[사람들이] 예수께 이르러 그 귀신 들렸던 자 곧 군대 귀신 지폈던 자가 옷을 입고 정신이 온전하여 앉은 것을 보고 두려워하더라"(5:15).

복음서에 놀라운 변모를 보여주는 예가 또 하나 있다. 누가복음 19장 1-10절에 보면 삭개오의 구원에 관한 이야기가 나온다. 그는 한때 정직하지 못한 세리였지만, 나중에는 양심의 가책을 받아 행여 부정하게 모은 것이 있다면 그것의 네 배를 갚겠다고 다짐했다. 그리고 사도행전 9장에서는 바울(본래 이름은 사울)의 이야기를 읽을 수 있다. 그는 기독교인들을 죽이고 박해하는 사람이었다. 하지만 후에는 복음을 전하는 자로 변모하여, 그 복음으로 인해 고난을 겪고 믿음을 지키기 위해 자신의 생명까지 내놓는 사람이 되었다.

교회 역사 속의 예

그와 같은 변모의 예들을 찾아볼 수 있는 일대기는 셀 수 없이 많다. 이 주제에 대한 고전적인 예가 바로 어거스틴이다. 그는 자신의 『고백록』에서 과거의 추악한 삶에 관해 기술한다. 그는 혼외 관계에서 자식을 낳았고, 젊은 시절에는 친구들과 사과를 훔치기도 했는데, 그 이유는 먹기 위해서가 아니라 단지 죄를 범하는 짜릿함을 느끼기 위해서였다.

이와 관련하여 나는 최근에 '과거가 있는 성인들'이라는 제목의 가톨릭 강좌를 접한 적이 있는데, 이는 학생들이 행여 과거에 저지른 악행 때문에 절망하지 않도록 격려하는 내용이었다.

과거의 삶이 전혀 희망적이지 않았던 이들을 한번 살펴보자. 남의 돈을 횡령하고 싸움을 일삼았던 성 갈리스토 St. Callixtus, 음란한 여인이었던 이집트의 성녀 마리아 St. Mary of Egypt, 살인자이자 깡패 두목이었던 성 검은 모세 St. Moses the Black, 복수심에 불타 많은 사람을 죽였던 성녀 올가 St. Olga, 형제를 죽이고 여러 여성과 결혼했던 성 블라디미르 St. Vladimir, 돈 많은 남자의 정부(情婦)였던 코르토나의 성녀 마르가리타 St. Margaret of Cortona, 돈에 눈이 먼 노름꾼이었던 성 가밀로 St. Camillus… 1)

개신교에도 과거 노예선의 선장이었던 **존 뉴턴** John Newton의 변모와 같은 18세기의 고전적인 이야기를 포함해 굉장히 다양한 사례들이 존재한다. 하나님을 만난 뉴턴은 성공회 사제가 되어 노예제를 폐지하기 위해 애썼다. 그리고 오늘날에는 자신의 고백을 담아 만든 찬송 "나 같은 죄인 살리신" Amazing Grace 으로 잘 알려져 있다. 그 찬송에서 뉴턴은 과거의 자신에 대해 하나님을 두려워하지 않고 어둠 가운데 있던 "죄인"으로 묘사한다. 그리고 이 험한 세상을 지나 본향으로 가는 여정을 인도하시기 위해 자신의 영적인 눈을 여시고 또 힘을 주시는 주님의 친절과 자비하심에 대해 증언한다.

20세기로 넘어오면 타임스퀘어교회의 설립자인 데이빗 윌커슨 David Wilkerson 목사의 사역을 통해 그리스도께 돌아온 과거 뉴욕의 갱단 두목 **니키 크루즈** Nicky Cruz를 만나게 된다. 윌커슨 목사는 펜실베이니아의 시골 마을에서 목회를 하고 있었다. 어느 날 그는 하나님의 인도하심을 따라 안정적인 목회 생활을 버리고 뉴욕의 거리를 다니며 갱단에게 복음을 전했다. 그는 강당을 하나 빌려 대규모 집회를 열었고, 거기에 그 갱단의 무리를 초대했을 뿐만 아니라 그들에게 헌금도 걷었다. 크루즈는 당시 제단 부름 altar call *의 순간을 이렇게 회상

---

* 19세기 제2차 부흥운동의 지도자인 찰스 피니(Charles Finney)가 처음 도입한 아이디어로 전도 집회 자리에서 연단 앞으로 나와 특별한 은혜를 경험하고 회심과 결단을 하도록 사람들을 부

한다. "내가 가장 먼저 앞으로 나갔다. 무릎을 꿇고 내 생애 첫 기도를 이렇게 했다. '존귀하신 하나님, 저는 뉴욕에서 가장 더러운 죄인입니다. 하나님은 저를 원하지 않으실 겁니다. 하지만 혹시 원하신다면 저를 드리겠습니다. 전에는 말할 수 없이 나쁜 인간이었지만, 이제는 예수님을 위해 좋은 사람이 되고 싶습니다.'"2)

미국의 남자 육상 선수였던 **루이스 잠페리니**Louis Zamperini는 제2차 세계대전 중 일본군의 포로가 되어 인고의 시간을 보낸 후, 그리스도에 대한 믿음을 통해 영적인 전환을 맞이했다. 그의 삶은 『언브로큰』이라는 책과 동명의 영화 두 편으로 만들어지기도 했다.

1936년 베를린 올림픽 육상 종목에 출전했던 잠페리니는 태평양 전쟁이 일어나자 B-24 항공기의 폭격수로 참전했다. 하지만 비행기가 추락하여 구명정에 의지한 채 47일간 바다 위를 표류하다 일본군에게 구조되어 포로가 되었다. 그는 포로수용소에 끌려가 고문을 받았을 뿐만 아니라, 와타나베 무쓰히로 중사로부터 심하게 학대를 당했다.

전쟁이 끝난 후 새로운 아내를 얻고 전쟁 영웅으로 연설할 기회도 생기며 그의 삶은 다시 평안한 일상을 되찾는 듯했다. 그러나 그는 와타나베에게 당했던 끔찍한 기억을 떨쳐버릴 수 없었다. 와타나베는 밤마다 꿈에 나와 잠페리니를 괴롭혔고, 나중에는 일본으로 돌아

르는 순서이다. 본래 웨슬리안과 알미니안 전통에 있는 복음주의권에서 주로 행했으나, 근래에는 다양한 교파에서 결신의 기도를 하는 순서로 사용하기도 한다.

가 와타나베를 죽여버리고 싶은 충동에 휩싸이기도 했다. 잠페리니는 이러한 고통을 달래기 위해 술에 의지했고, 그로 인해 가족들이 점차 그에게 등을 돌리기 시작했다. 그러던 중 아내의 설득에 못 이겨 1949년 빌리 그레이엄Billy Graham 목사의 전도대회에 참석하게 되는데, 바로 거기서 예수님을 믿게 되었다.

이내 악몽이 사라졌고, 하수구에 술을 부어버렸으며, 불타오르던 복수심도 사그라들었다. 1952년에는 일본에 가서 수감된 전범들에게 복음을 전할 수 있는 기회를 얻게 되었다. 마지막에 그는 관리자에게 부탁해 자신을 괴롭혔던 그 군인들을 만나게 해달라고 했다.

밖을 내다보니 그들이 복도를 걸어오는 것이 보였다. 물론, 나는 그들 한 명 한 명을 생생하게 알아보았다. 어떤 반응을 보여야 할지 생각조차 못하고 있던 나는 단상에서 뛰어내려 달려가 그들을 부둥켜안았다. 그들은 뒷걸음질 쳤다. 아마 용서라는 것이 무엇인지 이해하지 못했을 것이다. 우리는 방으로 들어갔고, 거기서 나는 기독교가 어떤 것인지 분명하게 알려주었다. 그러자 한 명을 뺀 모두가 그리스도를 믿기로 결정했다.[3]

마지막까지 믿음을 거부한 그 한 명은 어떻게 그러한 용서가 가능한지 이해할 수 없었을 것이다.

나는 이렇게 말했다. "사사키씨, 세상에 알려진 용서에 관한 이야기 중 가장 위대한 것은 바로 십자가 사건입니다. 그리스도께서 십자가에 달리실 때 그분은 '아버지 저들을 사하여 주옵소서. 자기들이 하는 것을 알지 못함이니이다.'라고 말씀하셨습니다." 그리고 또 이렇게 말했다. "제가 이곳으로 돌아와 이런 말을 할 수 있는 것은 오직 이 십자가를 통해서입니다. 이에 저는 당신을 용서합니다." 그러자 그는 나의 초청을 받아들여 기독교인이 되었다.

이러한 교회사의 기록은 이 밖에도 셀 수 없이 많은데, 그것을 연대순으로 정리한 내용을 커어 Hugh T. Kerr 와 멀더 John M. Mulder 의 책 『위대한 회심자들』에서 볼 수 있다.[4]

1차 영국 남북 전쟁 당시 의회군으로 복무하고 이후 고향으로 돌아와 땜장이로 일했던 **존 번연** John Bunyan 은 자기 자신에 대해 "저주하고 욕설을 퍼붓고 거짓말하며 하나님의 거룩하신 이름을 모독하는 일에 따라올 자가 없던" 사람이었다고 고백했다. 그런 그가 기독교인으로서 순례의 길에 들어서게 되었다. 존 번연은 설교자가 되었고, 그로 인해 옥살이를 하게 되었다. 바로 그 시기에 존 번연은 자신의 회심을 기록으로 남겼는데, 『죄인들의 우두머리에게 내린 넘치는 은혜』와 그것을 우화적으로 표현한 『천로역정』이 그것이다. 『천로역정』은 20세기까지 영어로 기록된 문서 중에 성경 다음으로 가장 많이 읽힌 책이다.

초기의 감리교 설교자인 **피터 카트라이트** Peter Cartwright는 '부랑자들의 은신처'라는 별명이 붙은 켄터키의 한 시골 마을에서 자랐다. 그는 살인죄로 교수형을 당하는 한 형제와 서서히 타락하는 한 자매의 모습을 보았다. 그 역시 술과 도박을 좋아했고 아무런 소망이 없는 삶을 살고 있었다. 그러던 중 1801년 어느 날 저녁 그는 방탕한 자신의 삶에 대해 수치심과 회의감을 느끼게 되었고, 한 동굴에 기도하러 들어가 두렵고 떨리는 마음으로 주님을 찾기 시작했다.

장로교 목사인 제임스 맥그레디 James McGready의 설교로 회심한 피터는 1803년부터 약 70년간 사역을 했다. '하나님의 강력한 쟁기'라고 불리던 그는 황야와 같이 척박한 미국의 토양에 열렬한 회심주의와 부흥주의 설교를 전했고, 또 남북전쟁 이전에도 노예제도에 강력한 반대의 입장을 취했다.

메이저리그 야구 선수였던 **빌리 선데이** Billy Sunday는 1886년 어느 날 술에 취해 시카고의 한 길가에 앉아 있었다. 마침 그때 퍼시픽 가든 미션 Pacific Garden Mission 모임에 초대하는 악단의 연주를 듣게 되었고, 그 초대에 응했다.

그는 설교를 듣고 그리스도를 자신의 구주로 받아들이게 되었다. 나아가 그는 복음 사역과 사회 운동에 헌신하는 삶을 살았는데, 여성의 투표권을 옹호하고 아동의 노동을 반대했으며, 자신의 모임에 흑인들을 받아들이기 위해 노력하는 등 그 당시만 해도 흔하지 않은 일에 앞장섰다.

평범한 성도들

물론 모든 경기에는 대다수의 신자들이 관중석(아니면 교회 의자)에 앉아 환호를 보내는 '영적 대표선수', 즉 도덕적 영웅이 있기 마련이다. 그리고 이와 같은 관중들에게는 스스로 나설 수 없는 이런저런 이유들이 있기 때문에, 그들에게 많은 것을 기대하기란 어려운 일이라고 주장할 수도 있다. 그뿐 아니라, 신조에 담겨 있는 고상한 어휘들은 기독교인의 일상을 표현한 것이라기보다는 가장 이상적인 모습이나 영광스러운 정의를 제시하는 것들이다.

하지만 그렇다고 우리가 성경에서 도망칠 수 있는 것은 아니다. 왜냐하면 사도 바울은 교회에 속한 모든 신자에 대해 한결같이 고귀한 용어로 표현하고 있기 때문이다. 예를 들어, 빌립보서 1장 1절의 인사말을 보라. "그리스도 예수의 종 바울과 디모데는 그리스도 예수 안에서 빌립보에 사는 모든 **성도**와 또한 감독들과 집사들에게 편지하노니."

실제로 많은 번역본에서 바울이 빌립보 교회 사람들을 부를 때 "성도"라는 말을 쓰고 있다. 오늘날의 일반적인 어법에 따르면 소위 '거룩한 사람들'이나 '성도'라고 불리는 훌륭한 기독교인들은 모두 주교나 부제 혹은 감독이나 집사 같은 특별한 직분을 맡고 있을 것이라고 생각할 수 있다.

하지만 바울은 이 표현을 일반 구성원들에게 사용하고 있다. 이들은 언젠가 교회의 역사 속에서 특별한 명예를 얻게 될 사람들이 아니었다. '황금의 입을 가진' 설교자로 4세기 콘스탄티노플에서 가난한 이들을 위해 싸웠던 요한 크리소스톰John Chrysostom이나, 강력한 반대에도 불구하고 성경을 영어로 번역한 16세기의 학자 윌리엄 틴들William Tyndale, 혹은 영국의 국회의원으로서 1807년에 자국의 노예무역을 폐지한 윌리엄 윌버포스William Wilberforce 같은 사람들이 아니었던 것이다. 그저 어려운 상황 속에서도 자신들이 할 수 있는 최선을 다해 기독교인다운 행동을 하려고 했던 평범한 성도들에 불과하다.

따라서 "그래, 내 삶이 늘 그 모양이지. 뭘 기대하는데? 나는 성도가 아니야."라고 말해서는 안 된다. 우리 중 그 누구도 아무것도 아닌 기독교인은 없으며, 그러므로 여기서 예외가 될 수도 없다. 문제는 우리가 높은 기준을 세워놓았다(혹은 오히려 우리에게 높은 기준이 주어졌다)는 점이다. 그러니 우리가 그 일을 책임 있게 감당해야 하는 것은 지극히 당연한 일이다.

요점 정리

- 무언가를 내세우지 않으면 위선자가 될 일도 없다. 그러나 기독교인들은 고귀한 것들을 내세운다. 따라서 자신의 행동에 대해 책임을 져야 하는 것은 당연한 일이다.
- 성경에서 말하는 '거듭남'은 다음과 같은 의미이다. 새로 신자가 된 사

람의 영혼에는 중대한 변모가 일어난다. 따라서 기독교인이라면 이전의 삶과 현재의 삶 사이에 뚜렷한 차이점이 드러난다. 이러한 극적인 변모에 대한 진술은 다양한 교단에서 자신들의 교리서에 반영해놓고 있으며, 또한 성경과 교회사 속 많은 이들의 회심 기록에도 나타나 있다.

- 믿음의 영웅들만이 아니라 평범한 기독교인들 역시 초자연적인 기준에 부합한 삶을 살아야 한다.

"기독교가 그렇게 좋다면, 기독교인들은 왜 그렇게 나쁜가?"
If Christianity Is So Good, Why Are Christians So Bad?

3.
넘쳐나는 '나쁜 기독교인'의 사례

　기독교를 비판하는 사람들은 근거가 될 만한 '유력한 용의자들'을 최대한 긁어모은다. 예를 들어 십자군 전쟁을 주도했던 자들이나 거기에 동조했던 사람들, 종교재판이나 종교전쟁, 마녀재판, 그리고 잔혹한 제국주의 식민지 정책 등이 있다. 그들은 이것을 기독교만의 선에 대한 주장(실제로는 전혀 선하다고 주장하지 않는)을 무력화하기 위한 비장의 카드로 사용한다.

　물론 그러한 비난 중에 어떤 부분은 얼마든지 적절한 반론을 제시할 수 있다. 하지만 그러한 일은 잠시 미뤄두는 게 좋겠다. 우선 여기서는 문제점을 인정하고, 비판하는 이들이 미처 생각하지 못한 어떤 사람들에 대해 이야기해보자.

내가 경험한 '해로운 기독교'

먼저 기독교인으로 살면서 나 스스로 나쁜 행동을 한 적이 많았음을 언급해야겠다. 나의 어린 시절(나는 일곱 살 때 구원을 얻었다)과 청소년기, 그리고 불과 어제 저지른 죄악들을 되돌아보면 주님 앞에 후회스럽고 고백해야 할 일들이 많다. 자세한 내용은 생략하겠지만, 나는 내 죄를 인정한다. 나는 저 높은 곳에 올라앉아 "쟤들 너무 끔찍하지 않니?"라는 관점에서 글을 쓰고 있는 것이 아니다. 그 점을 염두에 두고 논의를 진행하도록 하자.

내 과거를 돌아보면, 1960년대 초반에 나이지리아 침례교에서 방문했던 한 흑인 지도자를 냉대한 사건이 떠오른다. 그는 고향에서 함께 일했던 선교사들의 주선으로 미국의 한 침례교 대학에서 공부를 더 하기 위해 왔다. 그런데 그가 내가 다니던 침례교 교회에 교인이 되려고 했을 때 문제가 일어났다. 그 교회는 학교 가까이에 있었고, 규모가 제법 컸다. 여러분은 아마 "빨간색, 노란색, 검은색, 하얀색, 그분께서 보시기엔 모두 소중해요."*라고 노래했던 그곳의 교인들이 두 팔 벌려 그를 환영했으리라 생각할 수 있다.

하지만 고대하던 투표 날이 다가왔을 때 수백 명의 교인들이 그가

---

* '예수님은 어린이를 사랑하세요'(Jesus Loves the Little Children)라는 제목의 어린이 찬송의 가사 중 일부다. 특히 이 부분은 인종이나 피부색과 무관한 예수님의 크신 사랑을 역설한 것이라고 할 수 있다.

교인이 되는 것에 반대표를 던졌다. 다행인 것은 그보다 더 많은 사람이 그가 교인이 되는 것을 인정했고, 실제로 그는 교인 명부에 이름을 올릴 수 있었다. 하지만 그날의 불쾌함은 거의 60년이 지난 지금까지도 생생하게 느껴진다.

이 당시는 남부에서 흑인의 분리를 인정하는 짐 크로 법^{Jim Crow laws}이 시행되던 시기였다. 이에 많은 교인들은 그가 도시 서부에 있는 흑인 교회에 가서 "자기 동족들하고 있어야 더 행복할 거야."라고 확신했다. 아니나 다를까 투표하는 날에는 평소에 교회에서 잘 보이지 않던 교인들도 눈에 띄었고, 그 때문에 복도에 의자를 가져다 놓고 앉아야 했다. 분위기가 긴장되고 험악해지다 보니 손을 들어 투표하기보다는 비밀투표를 하자는 안건이 나왔고, 그 안건은 수월하게 통과됐다.

물론 돌아가는 상황이 그다지 비밀스럽지는 않았다. 왜냐하면 우리는 주일학교 선생님 외에도 장년 남성 공동체의 교사와 우리에게 새로운 찬양대 가운을 사준 부유한 여성(결국 씩씩거리며 교회를 떠났다) 역시 그 일에 반대 입장이었음을 알고 있었기 때문이다. 쉽지 않은 일이었다. 그리고 지금도 마찬가지다.

휘튼칼리지에서 나와 함께 공부하던 동료가 있었는데, 그는 아버지가 교회에서 매년 재신임 청빙을 받을 때가 되면 목사의 자녀로서 어떤 두려움에 휩싸였는지 이야기해주었다. 그는 투표 시기가 다가올수록 학교 공부에 도저히 집중할 수 없었다. 왜냐하면 몇 주 후에 자신의 가족이 쫓겨나지는 않을까, 그리고 온 동네 사람들과 학교 친구들이 아버지가 다시 청빙을 받지 못했다는 사실을 알게 될까 걱정되었기 때문이다. 교회는 분명 이것이 무능하거나 부정한 지도자를 걸러내되 큰 소란을 피우지 않고 일을 처리할 수 있는 합리적인 저지선이라고 생각할 것이다. 하지만 이는 목사의 가족들에게 미칠 심리적 영향을 고려하지 않고, 그들이 노심초사하며 두려움에 떨게 만드는 일이다.

비슷한 시기에 나는 실제로 교회에서 쫓겨난 어떤 목사의 가족에 관한 이야기를 들었다. 목사가 쫓겨난 이유는 교인 중에 한 사람이 목사의 사택에 수리할 것이 있어서 들렀다가, 그 집 옷장에 값비싼 옷이 한 벌 걸려 있는 것을 보았기 때문이었다. 그 교인은 그 옷이 단지 친척에게 받은 선물이었을 뿐, 목사의 과소비에 대한 증거가 아니라는 사실을 몰랐다.

우선 그 옷이 어떻게 그 집 옷장에 걸려 있었는지는 교인들이 참견할 문제가 아니었다. 그뿐 아니라 그것은 목사를 면직할 만한 사유도 될 수 없었다. 그리고 그 교인이 예의를 갖춰 정중하게 물어보았더라면, 아마도 자초지종을 들을 수 있었을 것이다. 하지만 안타깝게도 그 목사의 가족은 타인의 사생활을 존중하지 않는 이의 비판적인 공격으로 인해 커다란 슬픔을 겪을 수밖에 없었다.

후에 신학교를 다니던 시기에 이번에는 텍사스에 있는 작은 교회에서 또 다른 '수사관'에 관한 이야기를 들었다. 매사에 참견하기 좋아하는 어떤 교인이 신학교 수업으로 자리를 비운 젊은 목사의 서재를 훑어보고 있었다. 그러던 중 그곳에 RSV 성경책이 있는 것을 보게 되었는데, 이 역본은 이사야서에서 마리아를 "처녀"가 아닌 "젊은 여인"(사 7:14)으로 번역한 성경이다.

성급한 이 검열관은 목사가 이러한 번역본을 가지고 있는 것만으로도 마치 동정녀 탄생을 부인하는 것과 마찬가지이며, 이따위 쓰레기를 찍어낸 출판사에 도움과 위로를 주는 일이라고 결론을 내렸다. 그는 즉시 그 목사의 책들을 상자에 담아 복도에 내놓았다. 신학생이었던 목사는 교회로 돌아와 그 현장을 발견하고, 그것이 자신을 해고한다는 의미임을 알게 되었다. 마치 바람피운 남편이 집에 돌아와 자신의 옷가지들이 집 앞마당에 널브러져 있는 것을 보게 되는 것처럼 말이다.

교회 역사 속의 골치 아픈 사례들

역사책을 보면 그 종류를 막론하고 '기독교' 빌런들의 악행을 열거하곤 하는데, 이는 기독교 신앙을 비판하는 이들에게는 익숙한 내용이다. 흔히 반복되는 예들에는 종교재판소의 소장이었던 토르케마다 Thomás de Torquemada의 폭정, 라스푸틴 Grigory Rasputin의 기괴한 '사역', 재세례파인 펠릭스 만츠 Felix Manz를 취리히의 리마트강에 빠트

3. 넘쳐나는 '나쁜 기독교인'의 사례 ——— 49

려 죽이라고 명령한 울리히 츠빙글리Ulrich Zwingli, 제네바에서 이단으로 정죄 받은 미카엘 세르베투스Michael Servetus를 처형한 존 칼빈John Calvin 등이 있다. 물론 최근 몇십 년간에도 우리는 유명 목사들의 성적인 일탈 행위나 세속적인 사치에 관한 소식을 끊임없이 접하고 있으며, 그 밖에도 기독교인들을 꾸짖고 겸손하게 만드는 부끄러운 일들이 대중에게 공개되었다. 짐 베이커Jim Bakker와 지미 스와가트Jimmy Swaggart의 성추문에 대해 들어보지 않은 사람이 있겠는가? 혹은 제시 듀플란티스Jesse Duplantis가 이미 개인 소유의 비행기를 세 대나 갖고 있음에도, (그것들이 너무 작아서 어떤 지역은 직항으로 날아가기가 어렵다는 이유로) 5천만 달러짜리 비행기를 구입하기 위한 자금을 요청했던 일은 어떤가?

언론의 노력 덕분에 우리는 이러한 부끄러운 일들을 속속들이 알게 되었다. 그러나 사람이 땅을 파는 곳에는 언제나 다른 '보석'도 존재하는 법이다. 이제 노련한 비평가들조차 빠뜨렸을 수 있는 사례를 몇 가지 살펴보자.

클리프턴 칸즈 Clifton S. Carnes: 1928년 8월, 남침례회는 국내전도위원회의 회계 담당자인 클리프턴 칸즈가 약 백만 달러의 돈을 횡령한 후 캐나다로 도주했다가 거기서 체포되어 아틀란타로 돌아온 사실을 알게 되었다. 그는 곧바로 유죄 판결을 받았고 연방 교도소에 5년간 구금되었다. 역사가들은 이를 가리켜 '칸즈의 위탁금 횡령 사건'이라고 부른다.

칸즈가 이와 같이 (남용의 소지가 큰) 권력의 자리에 오르게 된 것은 외부의 회계법인이 그를 위원회의 정기감사로 파송하면서부터였다. 특히 경영인 출신의 이사들은 그의 업무 능력을 높이 사 그에게 회계장부를 맡겼고, 1919년에는 교회의 승인을 얻어 그를 회계 담당자의 자리에 앉혔다. 그에게 범죄 전과가 있었음에도, 그가 회계법인에서 일하게 된 이유는 제1차 세계대전으로 인한 노동력 부족 때문이었다. 이는 그 누구도 상상하지 못한 일이었다. 그다음 해에 남침례회는 대규모 모금 운동, 이른바 '7,500만 달러 캠페인'을 벌였는데, 초기에는 눈부신 성과를 거뒀다. 넘쳐난 기부금으로 인해 위원회는 말 그대로 한 해 동안 자신들의 예산과 지출의 두 배에 달하는 기금을 모을 수 있었다.

하지만 이내 1920~1921년 나라 전체에 경제 대공황이 닥치고, 이로 인해 사람들의 기부가 줄어들기 시작했다. 그럼에도 칸즈에 대한 위원회의 신뢰는 여전해서 그가 부채를 해결하는 데 적당하다고 판단될 때, 대출을 받아 그 자금을 활용할 수 있는 전권을 부여했다. 그 결과 그는 아무런 제재도 받지 않은 채 자신의 이익을 위해 돈을 유용할 수 있었다.

결국 교단 총회가 그 빚을 갚아주었고 위원회는 정상화되었지만, 이 일로 남침례회는 단지 기독교인이라는 이름표를 달았다고 해서 신탁 관리상의 과실이나 고의적인 중범죄에서 예외일 수 없음을 깨닫게 되었다.

사미르 제아제아 Samir Geagea: 현재 테러 집단 헤즈볼라의 본거지인 레바논은 단지 무슬림과 기독교인 사이의 갈등뿐만 아니라, 서로 다른 기독교 종파 간의 갈등으로 인해 사분오열되었다. 대표적인 사례로 수 세기 전부터 삼위일체 문제를 둘러싸고 분열하여 경쟁 관계에 있던 '기독교' 민병대들 사이에 벌어진 충돌을 들 수 있다.

그중에 마론파Maronites라 불리는 한 단체는 과거 4세기의 은둔 수도사인 마론Maron에 그 기원을 두고 있다. 사미르 제아제아는 레바논의 기독교 정당이자 과거 민병대 조직이었던 레바논 군대의 수장으로서 마론의 정신적 후계자 중 한 명이었다.

그는 자신의 정치적 목표(통일된 레바논보다 민족별 자치 구역을 선호하는)와 100년이 넘도록 이어져 온 경쟁 마을과의 불화로 인해 또 다른 마론파인 바시르 게마옐Bashir Gemayel과 연합하여 제3의 마론파인 토니 프란제Tony Franjieh를 공격했다. 테오도르 달림플Theodore Dalrymple은 굉장히 복잡한 이 사건을 최선을 다해 다음과 같이 역사적이고 윤리적인 관점에서 정리했다.

1978년 6월 13일, 제아제아는 주니에에 주둔해 있던 자신의 부대에서 1,000명의 병력을 끌어모아 밤늦은 시간에 산으로 진군해갔다. 약 200명으로 이루어진 또 다른 군대도 브샤리에서 내려왔다. 총 1,200명의 부대원이 집결했고, 그들은 모두 기관총, 대포와 로켓 등으로 무장한 채 두 부대로 나뉘어 지프차에 올라 이동했다.

적의 주의를 분산시키기 위해 새벽 4시가 되기 직전 브샤리에서 온 군대가 먼저 공격을 시작했고, 매복해 있던 그들은 첫 전투 소리에 잠에서 깬 민병대원들을 사살했다. 이로써 수비대 병력을 에덴의 중심부에서 끌어내어 프란제의 여름 궁전을 무방비 상태로 만들었다. 제아제아는 토니 프란제가 잠들어 있던 이 여름 궁전으로 병력을 이끌고 들어갔다. 그는 자신이 직접 전투를 지휘했다. … 침략자들이 물러간 곳에는 토니 프란제와 그의 직계가족 전부가 싸늘한 주검이 되어 있었다.

나는 츠밧에게 잠들어 있는 사람을 깨워 그의 가족과 함께 잠옷 바람으로 죽이는 일은 결코 명예로운 일로 보이지 않는다고 지적했다. … 그러나 그는 그저 어깨를 으쓱할 뿐이었다. 그는 "제아제아는 매우 명예롭고 또 굉장히 거룩한 사람이요. 우리는 브샤리에 있는 그가 정말로 자랑스럽소."라고 말했다.

나는 제아제아가 저지른 것으로 의심받는 범죄들 중에 내가 들었던 몇 가지를 더 제시했다. 먼저 그는 토니 프란제를 죽인 것과 마찬가지로 밤늦은 시간에 비겁하게 또 다른 기독교 경쟁 상대인 대니 샤문과 그의 아내, 그리고 어린 두 아들(이 두 아들에게만 스물일곱 발의 총알이 쏟아졌다)을 살해했다. 또한 주니에에 있는 교회를 폭격한 사건도 있다(아마도 이 사건은 교황의 간섭을 배제하기 위한 것이었거나, 아니면 레바논의 기독교인들이 사악한 무슬림 극단주의자들로부터 억압과 탄압을 당하고 있음을 국제사회에 주장하고자 했던 시도인 것 같다). 그리고 슈프 지역의 드루즈파에 대한 대량 학살과 탄압 사건이 있다.

츠밧은 "사람들이 사미르 제아제아에 대해 하는 말은 믿어서는 안 되오."라고 말했다.

"하지만 그 사람은 결코 거룩한 사람이 아닙니다."

"그렇지 않소." 그는 꽤나 엄숙하게 말했다. "그는 매일 미사에 참석했고 매일 밤 자신의 침대 곁에서 기도했소. 또한 어디에 가든지, 어디서 전투를 벌이든지 그곳에 교회를 지었소. 크리스마스 때마다 그의 군대는 돈을 선물로 받을까 기대했지만, 그는 그들에게 대신 기도책과 묵주를 주었소. 물론 그는 매주 고해성사도 했소. 그리고 전투에 나갈 때마다 반드시 십자가를 지니고 나갔소. 자신의 사무실에는 언제나 마리아의 그림과 십자가를 두었을 뿐 결코 체 게바라나 다른 이의 그림을 둔 적이 없소."[1]

토머스 홉스 경 Thomas Hobbes, Sr: 영국의 철학자 토머스 홉스 2세는 자신의 정치 철학을 담은 책『리바이어던』으로 가장 잘 알려져 있다. 거기서 그는 자연적 본성을 '고독하고, 빈곤하고, 음란하고, 야만적이며 일시적인' 상태라고 묘사했다. 이는 모든 사람이 다른 이의 재산과 생명을 빼앗을 권리가 있는 끔찍한 상황이었다. 이에 사람들은 자신의 개인적인 권리를 정부에 내어줌으로써 그 정부가 질서를 세우고 보존할 수 있게 했다. 아마도 홉스는 자신의 후대에 등장한 제퍼슨Thomas Jefferson과 로크John Locke의 사상을 도저히 받아들일 수 없었을 것이다. 왜냐하면 제퍼슨은 미국의 독립선언문을 작성하여 우리는 "창조주로부터 양도할 수 없는 특정한 권리를 부여받았다."라고 했으며, 합법적인 정부라면 이것을 반드시 존중해야만 한다고 말했기 때문이다.

홉스의 작품은 유물론적이며, 설사 교회를 대적하는 것은 아니라도 교회에 대해 냉담한 입장을 취하고 있다. 이는 그의 아버지에게서 영향을 받았을 수도 있다. 뉴욕대학교의 심리학 교수인 폴 비츠Paul Vitz는 자신의 책 『무신론의 심리학: 아버지의 부재와 무신론 신앙』에서 사제직*을 맡았던 홉스 1세에 대해 다음과 같이 논평한다.

> [그는] 런던 외곽에 있는 작은 성공회 교회의 주교 대리였다. 그에게는 존경할 만한 점이 거의 없었다. 무식하고, 걸핏하면 화를 내었으며, 카드 게임에 빠진 사람이었다. 듣자 하니 가끔은 자신이 예배를 인도하던 중에 잠이 들기도 했다. 한 번은 다른 주교가 예배당 문 앞에서 그의 심기를 건드리자 싸움이 일어났고, 사제인 홉스는 그 주교를 때리고 런던을 떠나 도망쳐 버렸다. 그의 가족은 다시는 그의 소식을 접할 수 없었고, 그렇게 그는 소리 소문 없이 세상을 떠났다.[2]

홉스 2세는 무신론을 부인했지만(아마도 17세기 영국에서는 신중함의 문제였

---

* 영국 성공회의 '사제'는 개신교의 '장로'와 유사한 직분이다. 개신교의 '목사'는 성공회에서 '주교'로, 그리고 '집사'는 '부제'라 칭한다.

을 것이다), 그의 저작은 철저하게 물질주의적이었고 교회와 전통 기독교 모두에 적대적이었다. 실제로 홉스는 사회계약의 개념을 도입했다. 하지만 '만인에 대한 만인의 투쟁'에서 자연인에 대한 그의 냉소적인 견해는 권력 분립을 옹호하는 것이 아니라, 교회와 언론을 포함한 사회의 모든 부문을 주권 권력이 통제해야 한다는 입장이었다.

벤저민 콜린스 맥기히 Benjamin Collins McGehee: 나는 고등학교 시절에 아칸소주를 대표하는 밴드에 소속되어 있었다. 그 덕분에 리틀록에 있는 매리언, 라파예트, 그래디매닝 등 여러 호텔에서 며칠 동안 숙식을 하며 묵을 기회가 있었다. 아칸소주의 평균적인 수준에서 보면 이 건물들은 대단한 명물이었다. 예를 들어, 우리가 리허설을 했던 매리언 호텔은 처음 지어진 1907년부터 철거되던 1980년까지 주에서 가장 높은 건물이었으며, 엘리너 루스벨트, 해리 트루먼, 더글러스 맥아더, 윌 로저스, 그리고 헬렌 켈러 등의 유명인사들이 방문한 적이 있는 곳이었다.

그래디매닝 호텔은 원래 1930년에 벤저민 콜린스 맥기히가 지은 벤저민 맥기히 호텔이었다. 그는 스코틀랜드의 북쪽 고지대에서 남부 지역으로 이주해 그곳의 감리교에 깊이 뿌리 내린 사람이었다. 벤저민의 아버지가 돌아가셨을 때 그와 그의 형제들은 감리교 교회에 기념 창문을 기증했다. 그는 올곧은 사람이었다. 그렇다면 그를 골치 아픈 예로 드는 이유는 무엇인가? 왜냐하면 그가 '짐 크로 법'이 시행되던 시기에 인종을 차별하는 호텔을 운영했기 때문이다. 호텔에서 아프리카계 미국인들을 요리사나 하녀로 고용했을 수는 있겠지만, 그들은 물론이고 그들의 가족 누구도 그 호텔에서 단 하룻밤의 숙박도 허락되지 않았다.

무슨 증거로 이런 말을 하는지 궁금한가? 내가 「흑인 여행자들을 위한 그린북」(이하 「그린북」)*의 1963~1964년도 판을 다 뒤져보았는데, 위에 열거된 호텔 중에 흑인 여행자들에게 기꺼이 방을 내준 곳은 한 군데도 발견하지 못했다. 내가 보았던 곳들은 게인즈가에 있던 그레이소니아 호텔, 서부9번가에 있던 허니컷, 밀러, 그리고 터커즈 호텔, 서부14번가에 있던 샤메인 호텔, 그리고 서부19번가에 있던 길모어 아주머니의 민박집뿐이었다.[3] 이처럼 흑인 여행자들은 제2차 세계대전이나 한국 전쟁에 참전했던 퇴역 군인이라 하더라도 이용할 수 있는 숙박업소가 상당히 제한되어 있었다.

리틀록에 있는 이 호텔들은 고급스럽고 전문적인 서비스를 제공하는 숙소들이었다. 호텔 내부로 경찰견들이 드나들지도 않았고, '말썽꾼'을 퇴치하기 위해 입구에서 소방 호스로 훈련하는 일도 없었다. 또한 교양 있는 대화와 절제된 매너가 요구되는 곳이기도 했다. 그러나 그 호텔들은 상상할 수도 없는 불의한 제도를 도입하고 있었고, 이는 도시 내 수많은 여타 호텔들과 다를 바 없었다. 이들 중 상당수

---

* 흑인 여행자들이 출입할 수 있는 숙박시설이나 음식점 등을 지역별로 모아서 정리한 책으로 표지가 전체적으로 초록색을 띠고 있고, 그 위에 커다란 초록색 글씨로 Green Book이라고 쓰여 있다.

는 신실한 교인들이 경영을 맡고 있었는데, 그중의 한 명이 바로 벤저민 콜린스 맥기히였고 이곳이 소위 말하는 미국의 '바이블 벨트'* 지역이었다. 하지만 「그린북」에 보면 이 부끄러운 목록은 바이블 벨트에만 국한되어 있지 않고, 미국 전역에 걸쳐 수록되어 있다. 바로 이러한 현상이 심화되고 있음을 보여주는 증거였다. 재키 로빈슨Jackie Robinson이 메이저리그 야구의 피부색 장벽을 깨고 다저스의 선수로 데뷔한 해인 1947년에 브루클린 다저스**를 외면했던 필라델피아의 벤 프랭클린 호텔은 1959년 판 「그린북」에서는 흑인들을 환영하는 장소로 기록되어 있다. 그러나 1964년에 민권법Civil Rights Act이 제정된 후에야 공공시설을 제공하는 데 있어 민족과 인종을 차별하지 않게 되었다. 비로소 많은 기독교인이 이 문제에 대해 기독교인답게 행동하도록 압력을 가할 수 있게 된 것이다.

독실한 감리교 신자였던 맥기히 형제를 칸즈나 제아제아와 동일한 목록에 올리는 것은 다소 무례하게 보일 수 있다. 나 역시 그가 진정한 기독교인이 아니었다고 생각하는 것은 아니다. 내가 알기로 그는 불타는 차에서 흑인을 구하기 위해 기꺼이 자신의 목숨을 걸었을 수도 있고, 그램블링이나 피스크대학 같은 역사적인 흑인 대학에 도움

---

* 미국의 동남부와 중남부 지역의 여러 주에 걸쳐 있는 지역으로 개신교의 영향력이 비교적 강한 곳을 가리킨다.
** 1883년 뉴욕의 브루클린을 연고지로 하여 시작한 미국 프로야구 팀이다. 이후 1958년에 서부 캘리포니아주의 로스앤젤레스(LA)로 연고지를 옮겨 'LA 다저스'로 팀명을 바꾸어 지금까지 활동하고 있다.

을 주었을 수도 있다. 나는 그저 이 땅 곳곳에서 일어났던 해악에 교회의 성도들이 어떻게 관여했는지, 설사 그러한 일들을 강압적으로 시행하지는 않았더라도 그것이 가능하도록 도왔던 사실을 보여주는 하나의 상징적인 예로 그를 인용하는 것뿐이다.

어쩌면 평생 영국 성공회 신자였던 엘리너 루스벨트Eleanor Roosevelt에게 책임을 돌렸어야 하는지도 모르겠다. 그녀는 터스키기 항공대의 흑인 조종사 한 명과 함께 비행함으로써 그 부대에 대한 지지를 표했다. 뿐만 아니라 후에는 세계 인권 선언의 뼈대를 형성하기 위해 앞장서서 노력하기도 했다. 하지만 리틀록을 방문했을 때는 달랐다. 「그린북」에서 추천하는 호텔이나 식당에 가기보다는 짐 크로 법을 인정하는 시설로 갔기 때문이다. 이는 참으로 복잡한 일이 아닐 수 없다.

각종 송사

신약성경에서는 기독교인들이 세상 법정에 서로를 고발해서는 안 된다고 가르치지만, 교회 내에서의 불만 사항들이 정의의 전당 앞에 쏟아져 나오고 있다는 것은 너무도 잘 알려져 있는 사실이다. 이와 관련하여 최신 소송 사건을 집중적으로 다루는 「교회법과 세금 신고」라는 잡지를 보면 우울하지만 중요한 기사들을 볼 수 있다. 실제로 표지를 장식하고 있는 사례들을 보면 경종을 울리는 달갑지 않은 이야기들을 담고 있다.

2017년 9/10월호에는 자신의 개종을 비밀로 해달라고 요청한 한 무슬림 신자의 이야기가 담겨 있다. 그러나 교회는 그가 세례를 받는 영상을 공개했고, 이로 인해 그는 자신이 중동으로 돌아갔을 때 심각한 학대를 당했다고 주장하고 있다. 또 다른 사례는 어떤 오르간 연주자에 관한 것이다. 그는 교회 벽에 래커로 선동적인 말들을 써서 교회 건물을 훼손했다. 그렇게 한 이유는 새로 선출된 미국의 대통령에 대한 정치적 반감을 불러일으키고자 했기 때문이다. 대통령의 이름 앞에 "만세!"(Heil!)라는 말을 붙이고, 또 대통령을 "동성애를 비방하는 독재자"라고 부르기도 했다. 그는 그러한 행위가 교회 밖의 불량한 사람들이 저지른 '혐오 발언' 정도로 치부되길 원했으나, 사실은 자신이 행한 일이었다.

그런가 하면 백만 달러의 유산을 받게 된 교회가 있었다. 그중의 절반은 교회의 유지보수 등 일반 경비를 위해 지정되었고, 나머지 절반은 교회 묘지를 관리하는 비용에 할당되었다. 그런데 문제는 최근에 교회가 묘지를 팔아버렸다는 점이었다. 재무관리 경험이 있던 목사는 후자의 목적은 무효가 되었으니 유산의 절반만 받아야 한다고 말했다. 그러나 교회의 이사회는 이 조언을 받아들이지 않고 그 목사를 해고하는 결정을 내렸다.

이처럼 찾아보면 욕할 거리는 정말 많다. 개탄스러운 목사들의 모습을 16세기 토머스 홉스의 아버지 탓으로만 돌릴 수는 없다는 뜻이다. 현대 사회학자이자 사이비 감시자인 로널드 엔로스Ronald Enroth는 자신의 책 『영적 학대』에서 통제하는 일에 미쳐 있는 집단의 포학함을 구체적으로 드러내 보여준다.

어떤 교회에서는 교인들이 서로의 잘못을 목사에게 의무적으로 보고해야 했다. 또 어떤 목사는 철야 모임을 열어 교인들이 죄를 지은 사람을 눈앞에 놓고 '공개적인 구두 처형'을 하도록 했다. 또 다른 목사는 부모님의 장례식에 참석하려는 교인에게 "죽은 자들이 죽은 자들을 장사하게 하라"며 가지 못하게 했다. 또한 어떤 곳에서는 교인들에게 보험은 물론이고 안경을 쓰거나 아이들을 위한 의료보험 같은 것도 들어서는 안 된다고 가르치기도 했다. 왜냐하면 이는 하나님께서 육신의 필요도 채워주신다는 데 대한 믿음이 부족하기 때문이라는 것이다.

교인의 부적절한 행위에 대해 출교 결정이 내려지기도 하는 '교회 권징'의 경우에는 심각한 분쟁을 야기할 수도 있다. 교회에서 쫓겨난 사람들 중에는 감히 교회가 자신에게 치욕을 안겨준 그 열심을, 도를 넘어서는 행위라고 비난하며 교회를 세상 법정으로 끌고 가는 이들도 있다.

이런 이야기들은 끝이 없다. 어떤 검색창이든 하나를 골라 '해로운 기독교'라고 쳐 보라. 비열한 선수들의 야비한 행동을 성토하는 블로그를 수도 없이 보게 될 것이다. 물론 그렇게 불평을 쏟아내는 사람들 가운데는 자신도 고백적 기독교인이면서 똑같이 비열한 행위를 하는 이들도 있다. 즉 다른 기독교인들이 마땅히 해야 할 일을 했을 뿐인데, 이로 인해 자기의 기분이 상했다는 이유로 '글을 써서' 그들을 비판하는 것이다. 이처럼 불평을 하려고 하면 끝이 없는 법이다. '해로운 기독교'라는 이 우울한 분류 체계 안에는 증오심에 가득 찬 광신자나, 신빙성 없는 잡담, 또는 교활한 사기꾼 등 각종 불행한 군상들이 가득하기 때문이다.

코미디언 에모 필립스 Emo Philips는 기독교인들이 사악한 어리석음, 혹은 어리석은 사악함에 빠질 수 있는 방식을 잘 보여주는 고전적인 레퍼토리를 갖고 있다.

한번은 한 남자가 다리에서 뛰어내리려고 하는 것을 봤어요. 나는 "그러지 마세요!"라고 말했어요. 그러자 그는 "아무도 날 사랑하지 않아요."라고 답했어요. 그래서 나는 "하나님께서 당신을 사랑하십니다. 하나님을 믿으십니까?"라고 말했어요. 그는 "네."라고 답했어요. 나는 "당신은 기독교인인가요 아니면 유대인인가요?"라고 물었어요. 그는 "기독교인이요."라고 말했어요. 나는 "저도 그래요! 개신교인가요 가톨릭인가요?"라고 물었어요. 그는 "개신교요."라고 말했어요. 나는 "저도 그래요! 교단이 어딘가요?"라고 물었어요. 그는 "침례교요."라고 말했어요. 나는 "저도 그래요! 북침례회인가요 남침례회인가요?"라고 물었어요. 그는 "북침례회요."라고 말했어요. 나는 "저도 그래요! 보수주의 북침례회인가요 자유주의 북침례회인가요?"라고 물었어요. 그는 "보수주의 북침례회요."라고 말했어요. 나는 "보수주의 북침례회 오대호 지역인가요 보수주의 북침례회 동부 지역인가요?"라고 물었어요. 그는 "보수주의 북침례회 오대호 지역이요."라고 말했어요. 나는 "저도 그래요!"라고 말했어요. "보수주의 북침례회 오대호 지역 1879년 총회인가요 보수주의 북침례회 오대호 지역 1912년 총회인가요?" 그는 "보수주의 북침례회 오대호 지역 1912년 총회요."라고 말했어요. 나는 "죽어 버려라, 이단아!"라고 말하고 그를 떠밀어 버렸죠.[4]

▸ 요점 정리

- 우리는 기독교인인 자신의 삶과 자신이 속한 교회의 모습에서 스스로 그리스도의 제자라고 부르는 이들의 실망스러운 행동을 쉽게 발견할 수 있다. 그런 예들은 개인적인 차원과 교회적인 차원에서 넘쳐난다.

- 기독교 신앙을 비판하는 이들에게 조롱거리가 다 떨어졌다면, 우리가 교회의 수치가 되는 사례들을 얼마든지 알려줄 수 있다. 그리고 실제로 기독교인의 잘못된 행동은 신랄한 패러디로 이어진다.

"기독교가 그렇게 좋다면, 기독교인들은 왜 그렇게 나쁜가?"
If Christianity Is So Good, Why Are Christians So Bad?

4.

성경은 이렇게 말한다

성경에는 하나님께서 그분의 백성에게 주실 놀라운 변모와 열매에 대한 약속이 있다. 하지만 그와 함께 하나님께서는 엄격한 현실 검증에 대해서도 언급하심으로써 구속받은 이들도 넘어질 수 있음을 말씀하신다.

진행 중

성경에서는 '다시 태어남' 곧 중생을 통하여 새로 믿음을 갖게 된 이의 삶에 근본적인 변화가 일어난다고 말한다. 하지만 아직 그 사람은 완전한 모습에 다다른 것이 아니며, 여전히 진행 중인 상태이다.

이는 회심한 사람의 행동이 몇 년 후와 비교했을 때 별 볼 일 없다는 말은 아니다. 오히려 회심 직후 한동안은 거룩한 열정이 넘쳐나는 경우가 흔히 있다. 어떤 이들은 처음 믿음을 갖게 되었을 때 치명적인 중독에서 즉각적으로, 그리고 영원히 벗어나기도 한다. 개중에는 복음 전파의 열심이 넘쳐서 많은 사람들과 자신의 신앙을 나누려는 이들도 있다. 또 어떤 이들은 완전히 새로운 은혜로 가족을 대하게 되고, 변화된 모습에 온 식구가 놀라며 위안을 얻기도 한다.

하지만 삶의 이런저런 고난과 역경을 거치면서 처음의 빛난 모습이 조금씩 바래기도 하고, 옛사람의 본성으로 인해 습관처럼 젖어 있던 세상적 사고가 다시 깨어나기도 한다. 실망스러운 일이 생기면 걱정이 되살아나고, 깜짝 놀랐을 때 무의미한 속어들이 다시 튀어나오며, 짜증나는 회사 동료나 이웃 때문에 우리의 기쁨과 하나님의 섭리에 대한 의식이 메말라 갈 뿐만 아니라, 힘들고 지쳤을 때는 옛사람의 유혹이 다시 고개를 쳐들기도 한다. 그러다 보니 가끔은 넘어지는 일도 생기는 것이다.

그럼에도 불구하고 기독교인인 우리의 삶에는 주님께서 이끌어가시는 지향점인 **텔로스**(τέλος), 곧 궁극의 목적이 있다. 사도 바울이 빌립보 교회의 교인들에게 보낸 편지의 서문에서 했던 말처럼, 그는 하나님께서 "그리스도 예수의 날까지" 그들 안에서 시작하신 착한 일을 이루실 것을 확신했다(빌 1:6). 이처럼 바울은 자신의 직접적인 경험을 통해 신자의 삶에는 영적인 투쟁과 일시적인 좌절이 있음을 알고 있었다. 그리고 그러한 갈등의 모습을 우리가 너무도 잘 아는 바와 같이 로마서 7장에서 직접 고백하기도 했다. "…원함은 내게 있으나 선을 행하는 것은 없노라 내가 원하는 바 선은 행하지 아니하고 도리어 원하지 아니하는 바 악을 행하는도다"(롬 7:18-19). 이처럼 신약성경의 상당 부분을 기록했던 위대한 사도 역시 내면적 분투라는 문제에서 결코 예외가 아니었던 것이다.

거듭남, 영광을 향한 빨리 감기는 아니다

요한복음 3장 7절에서 예수님께서 니고데모에게 "거듭나야 하겠다"라고 말씀하셨을 때, 그것은 영광을 향해 빨리 감기를 할 수 있다는 뜻은 아니었다. 거듭난다고 해서 단번에 성숙하고 승리한 존재가 된다는 약속은 아니라는 말이다. 태어남이란 그런 것이 아니다. 갓 난아기들은 사회적으로 서툴고, 이기적이며, 혼돈으로 가득 찬, 말 그대로 엉망진창인 상태. 그래서 바울도 고린도전서 3장 1-3절에서 어린아이와 같은 기독교인에 대해 다음과 같이 표현하고 있다.

형제들아 내가 신령한 자들을 대함과 같이 너희에게 말할 수 없어서 육신에 속한 자 곧 그리스도 안에서 어린 아이들을 대함과 같이 하노라 내가 너희를 젖으로 먹이고 밥으로 아니하였노니 이는 너희가 감당하지 못하였음이거니와 지금도 못하리라 너희는 아직도 육신에 속한 자로다 너희 가운데 시기와 분쟁이 있으니 어찌 육신에 속하여 사람을 따라 행함이 아니리요

또한 고린도전서 13장 9-12절에서는 이와 같은 미성숙함을 어떻게 인식하는지 부각시켜 보여주는데, 이는 신자의 넘어짐을 설명하는 데 도움이 된다.

우리는 부분적으로 알고 부분적으로 예언하니 온전한 것이 올 때에는 부분적으로 하던 것이 폐하리라 내가 어렸을 때에는 말하는 것이 어린 아이와 같고 깨닫는 것이 어린 아이와 같고 생각하는 것이 어린 아이와 같다가 장성한 사람이 되어서는 어린 아이의 일을 버렸노라 우리가 지금은 거울로 보는 것 같이 희미하나 그 때에는 얼굴과 얼굴을 대하여 볼 것이요 지금은 내가 부분적으로 아나 그 때에는 주께서 나를 아신 것 같이 내가 온전히 알리라

비유

세 복음서 마태, 마가, 누가복음에서 예수님께서는 땅에 떨어진 씨

비유를 통해 신자의 신앙고백이 어떤 경우에는 그저 일시적인 것일 수도 있다고 설명해주신다. 예수님의 말씀처럼 때로는 누군가의 삶에 복음이 뿌리를 내리고 싹이 나서 푸른 잎이 돋아나기도 하지만, 토양이 얕아서 그 뿌리가 굳건히 자라나지 못하기도 한다. 처음에는 기대감이 컸지만 씨앗이 햇볕에 말라가면서 이내 실망감이 밀려오는 것이다. 또한 준수한 생명력을 보이며 그럭저럭 잘 시작했다가 결국에는 주변의 가라지들 때문에 숨이 막혀 제대로 자라지 못하는 경우도 있다. 이 역시 출발은 좋았고 일시적인 힘도 발휘했지만, 결국에는 무너져 내리는 것이다.

오늘날 우리가 다니는 교회의 모습도 이와 마찬가지다. 눈물로 그리스도를 받아들이고, 매주 교회에 출석하며, 진지한 모습으로 삶을 대할 뿐만 아니라, 다른 이들에게 이 신앙을 전하고자 하는 마음도 자라난다. 하지만 그러던 이들이 무슨 이유인지 온데간데없이 자취를 감춘다.

필수적인 권면

여러분은 어쩌면 사도 베드로가 언행이 일치하는 사람이었다고 생각할지도 모른다. 어쨌든 그는 예수님께서 십자가에 달리시기 전 몇 년간 그분께 직접 가르침을 받았다. 그리고 십자가 사건 후에도 예수님께서 과거 베드로의 헛된 자만심과 그분께서 수난을 당하실 때 배신한 일에 대해 그를 낮추시고 씻기시는 경험을 했으니 말이다. 그렇다. 그는 오순절에 이방인들이 모여드는 것을 보았고, 순교자의 죽음 앞에서도 신실함을 잃지 않았음이 증명되었다. 또한 신경질적으로 소리치는 일이 다 사라진 것은 아니었지만, 언젠가 그는 기름 부음을 받아 우리의 마음을 뒤흔드는 서신을 쓰게 되고 이는 곧 신약성경의 일부분이 되었다. 하지만 사도 바울이 갈라디아서 2장 11-21절(베드로가 신약성경의 두 서신을 기록하기 몇십 년 전)에서 보여주는 바와 같이 베드로는 주변 사람들의 눈치를 보며 혼란에 빠지고 쉽게 주저앉고는 했다.

> 게바가 안디옥에 이르렀을 때에 책망 받을 일이 있기로 내가 그를 대면하여 책망하였노라 야고보에게서 온 어떤 이들이 이르기 전에 게바가 이방인과 함께 먹다가 그들이 오매 그가 할례자들을 두려워하여 떠나 물러가매 남은 유대인들도 그와 같이 외식하므로 바나바도 그들의 외식에 유혹되었느니라(갈 2:11-13).

사도 베드로가 이렇게 무너질 수 있다면, 평범한 교인인 우리들도 누구든지 무너질 수 있다. 그렇기 때문에 사도들은 우리가 한 단계 더 성장할 수 있도록 여러 가지 질책과 권고, 그리고 가르침을 베푸는 것이다. 바울 서신은 여러 가지 권면을 하며 끝을 맺는 것으로 잘 알려져 있다. 그렇게 한 이유는 바울이 그 편지를 받는 독자와 청자들의 부족한 점을 너무도 잘 알았기에 그들에게 필요한 말들을 덧붙인 것이다. 예를 들어, 바울은 골로새 교인들에게 음란, 부정, 사욕, 악한 정욕, 탐심, 분함, 노여움, 악의, 비방, 부끄러운 말, 가족 안에서의 무례함, 그리고 일터에서 열심을 다하지 않거나 부당하게 행하는 것 등을 버리라고 권면한다.

어떤 부모가 이제 막 대학에 들어간 파릇파릇한 신입생 자녀를 학교 기숙사에 데려다준 후, 차에서 내리는 자녀에게 위와 같은 권면을 한다고 상상해보라. 아마 그 아이는 "아이, 참! 저를 뭘로 보고 그러세요?"라고 답할지도 모른다. 하지만 바울은 멈추지 않았을 것이다. 왜냐하면 그는 과거에 '이교도'였던 이들이 어떤 짐을 짊어지고 사는지 알고 있었기 때문이다. 그들 역시 바울이 그 사실을 알고 있음과 동시에 그가 그들을 사랑한다는 사실도 알고 있었다.

바울은 좀 더 희망적이고 긍정적인 훈계도 잊지 않았는데, 이 역시 우리의 죄를 깨닫게 하기 위해서다. 예를 들어 바울은 골로새 교인들에게 긍휼, 자비, 겸손, 온유, 오래 참음, 사랑, 용서, 상호 간 예의, 덕을 세움, 존중, 부지런함, 기도, 그리고 지혜와 정숙한 대화 등을 드러내야 한다고 권면했다. 다시 말하지만, 만약 이들에게 위와 같은 특성들이 뚜렷이 나타났다면 바울이 그러한 것들을 강조할 필요가 없었을 것이다.

바울의 권면은 기독교인들을 몰아붙여서 그들이 상상할 수도 없을 정도로 놀라운 경지에 이르게 하려는 것이 아니다. 마치 개에게 채찍을 휘둘러서 어려운 수학을 배우게 하려는 것이 아니란 뜻이다. 오히려 그리스도의 제자들에게는 그 모든 것을 해낼 수 있는 초자연적인 능력이 있음을 깨우치게 하려는 것이다.

앞에서 우리는 고린도후서 5장 17절에 "그런즉 누구든지 그리스도 안에 있으면 새로운 피조물이라 이전 것은 지나갔으니 보라 새 것이 되었도다"라고 하신 말씀을 보았다. 그러나 동시에 에베소서 4장 22-24절에는 옛 것이 항상 남아 있으니 그것을 명심해야 한다는 말씀도 있다.

> 너희는 유혹의 욕심을 따라 썩어져 가는 구습을 따르는 옛 사람을 벗어 버리고 오직 너희의 심령이 새롭게 되어 하나님을 따라 의와 진리의 거룩함으로 지으심을 받은 새 사람을 입으라

이는 동전의 양면과 같은 상황이다. 즉 우리는 새 사람이 되었으나 또한 옛 사람의 모습이 끈질기게 남아 있다. 나는 설교할 때 가끔씩 이러한 상황을 '무덤 속 수의'에 비유해서 설명하곤 한다. 우선 교인들에게 자신이 무덤에서 살아나온 지 며칠 정도 된 나사로인 것처럼 상상해보라고 말한다. 처음에 느꼈던 흥분은 사라지고 이제 나사로인 나에게는 이것저것 짜증나는 일들이 생기기 시작한다. 윙윙거리는 날파리들, 귀찮게 하는 조카들, 실망스러운 음식, 고마움을 모르는 직장 상사 등이 그것이다. 그래서 나는 시원하고 조용했던 무덤

속으로 다시 들어가는 상상을 해본다. 이렇게 말하면서 몇 미터 정도 되는 하얀 천을 가져와서 내 팔을 감는 것이다.

그다음에는 친구들이 나를 찾아다니는 상상을 한다. 그들이 나를 찾기 위해 다시 무덤 안으로 들어갔는데, 거기서 하얀 천에 둘러싸여 누워있는 나를 발견한다. 친구들은 여기서 뭘 하는 것이냐고 묻고, 나는 쌓여 있던 불만과 함께 무덤 안이 더 편하다고 답한다. 그러자 친구들의 대답은 다음과 같다. "그래. 다 좋다 이거야. 그런데 문제는 네가 이제 죽은 사람이 아니라 산 사람이라는 거야! 네 꼴을 좀 봐. 그 누더기 좀 벗어버리고 이제 세상으로 다시 나오라고."

물론 이 주제에 대해 훨씬 더 좋은 설교들이 많이 있다. 1855년 영국의 위대한 설교자 찰스 스펄전 Charles Spurgeon은 로마서 15장 13절 "소망의 하나님이 모든 기쁨과 평강을 믿음 안에서 너희에게 충만하게 하사 성령의 능력으로 소망이 넘치게 하시기를 원하노라"는 말씀으로 '성령님의 능력'이라는 제목의 설교를 하면서 방탕한 상상력이 얼마나 다루기 힘든 것인지를 이야기했다. 그러한 상상력은 때로는 '진주로 만든 문'에 올라가 보게도 해주지만, 또 어떨 때는 '더럽기 짝이 없는 하수구와 도랑'으로 끌어내리기도 한다. 그는 그 이유를 이렇게 설명한다. "지금은 중생한 이의 마음속에도 부패함이 아직 남아 있습니다. 지금은 마음이 온전히 청결한 것은 아닙니다. 지금은 여전히 정욕과 악한 생각이 남아 있습니다." 그리고 나서 스펄전은 다음과 같이 덧붙인다. "여러분은 자신의 상상력을 결박할 수 있습니까? 아니요. 할 수 없습니다. 그러나 성령님의 능력은 할 수 있습니다."

성경의 인물들조차

'족장' 아브라함은 목숨을 부지하기 위해 바로에게 거짓말을 했다가 그 때문에 '이방인'인 애굽의 왕에게 질타를 받았다. '하나님의 마음에 합한 자'인 다윗은 간음과 살인 죄를 저질렀다. '반석'인 베드로는 예수님께서 위험에 처하신 순간에 몸을 숨기기 위해 달아났고, 심지어는 주님과의 관계마저 부인하고 말았다.

위의 인물들과 또 다른 예들을 통해 알 수 있는 것은 무엇인가? 바로 성경의 저자들은 장밋빛 안경을 쓴 채 칭찬 일색의 성인전(聖人傳)을 기록하지 않았다는 점이다. 그들은 주님과의 관계를 욕되게 한 '교인들'의 반기독교적 행위를 있는 그대로 드러냈다. 몇 가지 예들을 더 살펴보자.

유다: 가장 두드러지는 예라면 단연 가룟 유다를 들 수 있다. 그는 열두 제자들 중의 하나로, 예수님의 최측근 중의 한 명이었다. 예수님과 함께 여행하면서 그분의 기적을 보았고, 그분의 발치에 앉아 가르침을 들었으며, 그 모든 여정 가운데 함께 고난을 감내했던 인물이다. 하지만 그는 결국 은 삼십을 받고 예수님을 원수들에게 팔아넘긴

탐욕스러운 배신자였다.

디오드레베: 요한삼서에 보면 사도 요한은 디오드레베를 으뜸 되기를 좋아하는 자라고 칭했다. 그는 악한 말로 요한과 교회의 지도자들을 비방했고, 거룩한 방문자들을 맞아들이려는 형제들을 교회에서 내쫓았다. 그는 어리석은 자였고, 반역을 일삼는 불량배였으며, 교회를 훼손하는 자였다. 그가 폭력적으로 교회 위에 군림하던 것을 요한이 멈추게 하지 않았더라면, 그로 인해 어떤 피해가 생겼을지 누가 알겠는가?

유오디아와 순두게: 빌립보서 4장 2절에서 사도 바울은 두 여인에게 "주 안에서 같은 마음을 품으라"고 촉구한다. 이는 둘 사이의 다툼을 그치라는 말이다. 아마도 둘 사이의 경쟁 관계로 인해 성도의 교제가 위협받았던 것으로 보인다. 그래서 바울은 그들을 특정하여 꾸짖었던 것이다. 혹은 그 둘이 한마음이 되어서 특정 사안에 대해 기독교적이지 않은 입장을 취했다고 추측해볼 수도 있다. 그러한 경우가 아니라면, 바울이 둘 중의 한 명에게만 멈추라고 말했을 수도 있기 때문이다.

어떤 주석가들은 두 여인에게는 물론이요, 그들의 경건치 못한 싸움의 이쪽저쪽에서 편을 들고 있던 주변 사람들 모두에게 그리스도를 닮은 겸손과 희생을 요구하는 말씀(빌 2:5-11)을 전한 것이라고 주장하기도 한다.

데마: 성경에 등장하는 가장 비통한 인물 중 한 명이 바로 데마이

다. 그는 빌레몬서와 골로새서 두 곳에서 바울의 신임을 받는 동료로 나타난다. 그러나 바울이 로마에서 형장의 이슬로 사라질 날을 얼마 남겨두지 않은 시점에 기록한 마지막 편지에 보면, 디모데에게 속히 자신에게 오라고 말하며 그 이유를 이렇게 서술하고 있다. "데마는 이 세상을 사랑하여 나를 버리고…"(딤후 4:10). 즉 바울이 신뢰하던 '신자'가 가장 어렵고 힘든 시기에 자신에게 등을 돌린 것이다.

여기서 데마가 사랑했던 "이 세상"이 무엇을 뜻하는지는 분명치 않다. 그리스도와의 관계를 아무도 모르게 혹은 최소한으로 축소함으로써 안전을 꾀하는 것일 수도 있고, 어쩌면 더 나은 수입이나 의식주의 문제일 수도 있다. 아니면 술과 여자와 노래를 탐닉하는 삶으로 돌아가는 것일지도 모른다. 우리는 그저 이렇게 저렇게 추측해볼 뿐이다.

그는 예수님을 따르는 많은 이들과 한배를 탔으나 결국에는 그분을 배신하고 말았다. 그렇지만 세상은 교회 안의 신실한 교인과 거기서 떠나버린 데마와 같은 사람들을 세밀하게 구분하지 못한다. 이는 너무나 당연한 일이기 때문에, 우리는 그런 사람들과 뭉뚱그려져 '기독교인'이라는 이유만으로 부당한 공격을 받는 것이다.

아나니아와 삽비라: 사도행전 5장에서는 바울이 자신과 교회 앞에 거짓말을 한 이 부부를 견책하는 장면이 나온다. 그들은 자신들의 땅을 팔아 얻은 소득을 가져와 주님의 일에 쓰겠다고 했지만, 사실은 그중의 일부를 감추어 두었다. 그런데 사실이 드러나자 그들은 그 자

리에 쓰러져 죽었다. 이는 하나님께서 심장마비를 일으키셨을 수도 있고, 아니면 하나님께서 직접 치셔서 죽이신 것일 수도 있다. 물론 교인들도 거짓말을 하지만 그렇다고 다 죽지는 않는다. 다만 이 이야기의 핵심은 그러한 행동이 무거운 죄라는 점이다.

마술사 시몬: 사도행전 8장에 보면 그는 동네 사람들로부터 큰 자로 여김을 받으며, 또한 하나님의 능력을 받은 자로 알려져 있었다. 그러던 중 그는 빌립이 전하는 도를 듣고 그것을 믿게 되었으며, 후에는 세례를 받고 빌립을 따라다니며 그가 행하는 표적들을 목격하게 되었다. 그런데 갑자기 일이 잘못되기 시작했다.

이 당시는 하나님께서 '이방인조차' 구원받을 수 있다는 놀라운 진리를 드러내 보여주시던 시기였다. 하나님께서는 사람이 회심하는 그 순간에 다른 방언으로 말하게 하시는 등, 성령님을 통해 극적인 현상이 나타나게 하심으로써 이와 같은 진리를 알려주셨다. 그때 예루살렘에 있던 베드로와 요한은 사마리아의 어떤 이들이 복음을 듣고 믿게 되었다는 소식을 접했다. 두 사람은 그들에게 가서 머리에 손을 얹고 기도했고, 그들이 성령을 받게 되었다.

이 일로 충격을 받은 시몬은 그 사도들에게 돈을 주면서 자기도 똑같은 일을 하게 해달라고 했다. 하지만 이는 너무나 큰 실수였다. 베드로는 하나님의 역사를 인간의 돈으로 좌지우지할 수 있다고 생각한 시몬을 꾸짖었으며, 강한 어조로 그를 내쫓았다. 이는 사실상 그를 하나님 나라 밖으로 몰아낸 것이었다. 베드로는 시몬에게 회개하라고 촉구했는데, 우리는 그가 참으로 회개했기를 바랄 뿐이다. 하지만 이와 같은 그의 기행으로 인해 성직이나 성물을 돈으로 사고파는 행위인 '성직 매매'가 시몬Simon의 이름을 따 'simony'라는 단어로 불리게 되었으니 매우 안타까운 일이다.

단테 알리기에리Dante Alighieri는 『신곡』에서 시몬 마구스의 '자손'인 성직 매매자들을 지옥의 여덟 번째 감옥으로 보냈다. 그곳은 루시퍼가 내던져진 가장 밑바닥, 곧 아홉 번째 감옥의 바로 위에 있는 곳이다. 이들은 교회에 주시는 영적 선물을 '은과 금'으로 바꿀 수 있다고 생각하는, 즉 영적인 것과 돈을 결부시키려고 한 불한당들이다. 제19곡의 내용을 보면 다음과 같다.

오 마술사 시몬이여, 가엾은 졸개들이여,
오직 선을 위하여 바쳐야 옳을 [하나님]의 물건을
욕심꾸러기 너희들은 황금과 돈 때문에 욕되게 하였나니
이제 셋째 구렁이에 든 너희를 거슬러 나팔은 소리쳐 마땅하도다[1)]

교회의 실망스러운 성적

요한계시록 2장과 3장에서는 주님께서 몇몇 교회의 잘못을 질타하셨지만, 또한 그들의 선행을 인정해주셨다. 성도들이 핍박과 가난

가운데서도 교회로서 함께했음을 칭찬하신 것이다. 이처럼 그들이 여러 가지 선한 일들을 한 것은 사실이지만, 그 가운데 아래와 같이 큰 문제점들도 있었다.

- 에베소 교회는 처음 사랑을 버렸다.
- 버가모 교회는 위험한 거짓 교훈을 전하는 이들을 허용했다.
- 두아디라 교회는 거짓 선지자인 이세벨을 그들 안에 용납했다.
- 사데 교회는 영적으로 죽어 있었다.
- 라오디게아 교회는 지나치게 물질적이며 영적으로 미지근했다.
- 서머나와 빌라델비아 교회만 심판의 경고를 피할 수 있었다.

이 사람들은 '바이블 벨트' 지역에 살지 않았다. 오히려 불같은 시험을 겪었고, 비록 완전하진 못했어도 많은 면에서 신실함을 인정받았다. 하지만 그럼에도 죄의 전염성은 사그라들지 않았다. 이를 요즘 말로 하자면 '교회가 세상으로 들어가기보다 세상이 교회 안으로 들어와 버렸던 것이다.'

성화에 관한 신조의 내용

우리는 성경과 경험을 통해 기독교인이라 불리는 이들이 항상 모범적인 것은 아니라는 점을 배우게 된다. 루터교의 아우크스부르크

신앙고백서 제8조에서는 "이 세상에서는 수많은 거짓 기독교인들과 위선자들, 그리고 노골적인 죄인들조차 경건한 자들 가운데 섞여 있다."라고 말한다.

웨스트민스터 소요리문답 제35문에서도 신자들은 발전해가는 여정 중에 있으므로, 더욱더 흠이 없고 경건하며 거룩한 모습으로 변해 간다고 말하고 있다.

질문. 성화가 무엇입니까?
답변. 성화는 하나님께서 값없이 베푸시는 은혜의 역사로, 이로써 우리의 전인격이 하나님의 형상을 따라 새롭게 되며, 또한 우리는 죄에 대하여 죽고 의에 대하여 사는 삶을 더욱더 온전히 살 수 있게 됩니다.

여기서 죄에 대하여 죽는 삶을 "한순간에 완전히 살 수 있게"라고 하지 않고, "더욱더 온전히 살 수 있게"라고 했다는 점을 눈여겨보아야 한다. 이것은 과정 중에 있음을 뜻한다. 따라서 아직 천국에 다다르지 못한 사람의 삶에서 표본을 취하려 한다면 언제나 부족함을 발견하게 될 것이다.

18세기 영국 복음주의의 지도적 인물인 리처드 세실 Richard Cecil 은 『어린이를 위한 요리문답』(1798)에서 이 점을 다음과 같이 가르치고 있다.

97문. 이 성화의 과정은 이 세상에서 완성되나요?
답. 아닙니다. 그것은 확실하고 지속적이지만 오직 하늘에서만 완성됩니다.

98문. 이 세상에서 성화의 완성을 방해하는 것은 무엇인가요?
답. 성경은 "육체의 소욕은 성령을 거슬러 너희가 원하는 것을 하지 못하게 한다."라고 말합니다.

침례교 설교학자 존 브로더스 John Albert Broadus 는 『성경이 가르치는 요리문답』(1892)의 '제10강 칭의와 성화'에서 다음과 같이 쓰고 있다.

8. 성화는 단번에 완성됩니까?
답. 아닙니다. 성화는 점진적이며 이 땅의 삶을 마칠 때까지 계속해서 전진해가야 합니다.

이처럼 성경에서는 (그리고 성경에 바탕을 둔 설교와 신조에서도) 기독교인들은 과거와 현재, 그리고 미래에도, 또한 개인적으로나 집단적으로도, 죄를 벗어버릴 수는 없지만, 동시에 영광을 비추어내는 삶을 살게 된다고 가르친다. 즉 세상 끝날까지 두 가지 모습이 우리 안에 함께 있는 것이다.

◆ **요점 정리**

- 성경에는 기준에 못 미치는 신자들의 서글픈 참상이 드러나 있다. 그중의 하나는 '다시 태어남'이 '영적으로 완전히 성숙하게 태어남'을 의미하지는 않는다는 점이다. 그렇지 않았다면, 사도들이 베드로를 위시한 진정한 기독교인들에게 정결한 행위를 촉구하지 않았을 것이다.
- 사도들은 유오디아와 순두게 같이 특정한 개인을 꾸짖을 때도 있지만, 에베소 교회나 라오디게아 교회처럼 교회를 비판할 때도 있다.
- 어떤 경우에는 처음 제자가 된 이들이 불발탄에 그칠 때도 있는데, 가룟 유다가 그 대표적인 사례이다. 씨 뿌리는 자의 비유는 이러한 현상에 대한 말씀이다.
- 교회의 교리나 교육을 위한 문서에는 '성화'라는 주제가 있다. 여기서 신자의 삶은 영적인 완전함을 향해 나아가는 부침이 있는 여정이며, 이 여정은 오직 내세에 이르러서만 완성된다고 가르친다.

"기독교가 그렇게 좋다면, 기독교인들은 왜 그렇게 나쁜가?"
If Christianity Is So Good, Why Are Christians So Bad?

5.

정말 그러한가? 가짜 고백자들

'가짜 고백자'라는 표현은 예수 그리스도를 구원자와 주님으로 고백하지만, 실상은 천국의 백성이 아닌 사람을 뜻한다. 여기서 '가짜'라는 수식어는 '거짓'이라는 말과 구분할 필요가 있다. '가짜 고백자'라고 해서 반드시 거짓말을 하는 것은 아니다.

오히려 자신이 진실로 천국의 백성이라고 확신하며 말할 수도 있다. 교회에 다니고, 성경의 표현들을 사용하며, 할 수 있는 한 구설에 오르지 않으려고 노력한다. 하나님의 기준은 '상대평가'일 것이라고 믿고 자신은 같은 신앙을 고백하는 대다수 신자들과 함께 중위권에 속하며, 평균 점수 이하의 신자들보다는 우위에 있다고 생각한다. 인구 통계학자들은 그들을 기독교인으로 분류하고 사회에서도 일반적으로 그렇게 인식될 뿐만 아니라, 심지어 자신의 가족들도 그렇게 생각한다. 그러나 문제는 여기서 끝이 아니다.

진짜 스코틀랜드인의 오류

혹시 내가 곤경에서 벗어나기 위해 수작을 부리고 있다고 생각하는가? 한때 무신론자였다가 목적론적 논증*에 감흥을 받아 유신론자로 전향한 앤터니 플루Antony Flew는 그렇게 생각했다. 그는 오늘날 '진짜 스코틀랜드인'의 오류라고 불리는 것을 발견해낸 사람이다. 이는 일반화된 주장에 반례가 제기되는 것을 차단하기 위해 자의적인 조건을 붙이는 것을 뜻한다.

예컨대 '**진짜** 스코틀랜드인은 오트밀죽에 설탕을 넣지 않는다.'와 같은 것이다. 여기서 파생된 미국식 버전도 있는데, '진짜 시카고 사람은 핫도그에 케첩을 넣지 않는다.'라는 것이다. 또 한 명의 열렬한 무신론자인 (그리고 끝까지 유신론자가 되지는 않은) 크리스토퍼 히친스 Christopher Hitchens는 불명예스러운 행동을 하는 신도들을 내쫓음으로써 자신들의 종교가 수치를 당하지 않게 하려는 이들에게 이와 같은

---

* 신의 존재를 증명해내는 논증 방법의 하나이다. 우주 안의 모든 물체와 자연의 구성 요소들이 아무런 목적 없이 무질서하게 돌아가지 않고 정교한 질서에 따라 일정한 목적을 갖고 존재한다는 관찰을 통해, 그 모든 것의 설계자인 신의 존재를 입증해내려는 방식이다.

논리를 적용했다. 아래는 그것을 불교도들에게 적용한 내용이다.

"알다시피 불교는 우리에게 많은 가르침을 줍니다. 실제로 심리적이고 인지적인 가치가 있는 것으로 드러났습니다."
"그러니까 미얀마군이 로힝야족을 학살함으로써 인종 청소를 하는데 도움을 줬던 불교의 그 승려들 말인가요?"
"아, 그들은 진정한 불교도가 아니었습니다."[1]

물론 이것은 너무 쉬운 예다. "그것은 진정한 ~이/가 아니다."라는 주장이 가끔은 옳을 때도 있다는 사실을 이해할 필요가 있다. 루이스 파라칸Louis Farrakhan은 자신이 네이션 오브 이슬람을 이끌고 있다고 말한다. 하지만 그레이프 너츠Grape Nuts는 포도도 아니고 견과도 아닌 것처럼,** 그 단체는 국가a nation도 이슬람도 아니라고 보는 것이 타당하다. 그렇다면 이 문제의 핵심은 바로 필요충분조건에 관한 것이다.

단체들은 자신들의 필수 사항을 상술하기 마련이다. 무슬림은 그것을 '기둥'Pillars이라 부르고, 개신교에서는 '오직' 혹은 '믿음으로만'에서 볼 수 있는 것처럼 '유일성'이라는 말로 표현한다. 어떤 기독교인들은 교리적 '선별작업'을 통해 제1, 제2, 그리고 제3의 순위를 매

** 그레이프 너츠는 미국의 식품회사인 포스트에서 생산하는 시리얼 제품의 이름인데, 원료는 포도나 견과와는 전혀 상관없는 밀과 보리의 통곡물 가루이다.

기기도 한다. 복음주의권에서는 다음과 같이 네 가지로 그 정체성을 구분한다.

- 회심주의Conversionism : 성령님에 의한 '거듭남'의 경험과 예수님을 따르는 변화된 삶을 강조한다.
- 행동주의Activism : 선교와 사회 개혁을 위한 노력을 통해 복음을 전하고 증명하고자 한다.
- 성경주의Biblicism : 성경에 지고의 권위가 있다고 여기며 그것에 순종해야 한다.
- 십자가주의Crucicentrism : 예수 그리스도의 십자가 희생을 인류 구원의 유일한 근거로 본다.

아마도 이 네 가지 기준이 초대교회의 사도들과 지도자들의 마음속에 중심 사상으로 자리하고 있었을 것이다. 이것들은 마치 '진짜 기독교인은 카이사르를 위해서 일하지 않는다.'라거나 '진짜 기독교인은 적어도 50편 이상의 시편을 외울 수 있다.'라는 식의 성경적 근거가 없는 자의적인 기준이 아니다.

하지만 그럼에도 '진짜 기독교인이라면, 예수님을 하나님께서 그분의 목적을 이루시기 위해 입양하신 모범적이지만 평범한 인간이라고 말하지 않는다.'라거나 '진짜 기독교인은 평생 고의적인 범죄를 저지르며 살지 않는다.'와 같은 진술은 충분히 가능하다. 왜냐하면 전자는 이단적 사상에 관한 것이고, 후자는 중생 혹은 그리스도를 주님으로 받아들인다는 선서와 일치하지 않는 삶에 관한 것이기 때문이다. 따라서 우리는 '당신이 언급한 그 나쁜 기독교인이 과연 진정한 기독교인이라고 확신하십니까?'라고 물을 수 있으며, 이는 참으로 공정한 질문이라 할 수 있다. 마찬가지로 '당신은 자신이 진정한 무슬림이라고 말하지만, 메카를 향한 순례 여행은 지속적으로 거부하고 있습니다. 심지어 그렇게 할 수 있는 자금이 충분한데도 말입니다.'라고 의문을 제기하는 것도 또한 얼마든지 공정한 질문이 될 것이다. 이는 자의적이고 작위적으로 만들어낸 우연적 조건이 아니다.

사이비

기독교 신학에서 흔히 구분하는 것이 '종파'와 '사이비'이다. 전자는 니케아 신경이나 사도신경 같은 고대교회의 신조를 어느 정도는 받아들이며, 성경을 바탕으로 자신들의 교리를 세운다. 물론 종파들 간에도 이견이 나타난다. 예를 들어, 개신교와 가톨릭은 서로를 종파로 간주한다. 하지만 상대방을 전통을 상실한 교파, 쓸데없거나 해로운 것들로 뒤덮인 교파라고 생각하는 경향을 보인다. 이에 교회 안에 '계급'(사제의 다스림)이 있는지, '만인제사장'이 옳은지를 놓고 논쟁을 벌인다. 그럼에도 둘 다 사도신경을 외우고 있으며, 기독론의 어떤 부분에서는 의견일치를 보기도 한다. 그러나 사이비는 다르다.

1857년 9월, 유타주의 몰몬교 민병대원들(일부는 인디언으로 위장한)이 캘리포니아로 향하던 마차 행렬을 공격해 여성과 아이들을 포함해 120명을 죽였다. '예수 그리스도 후기성도 교회'의 교인들이 자신들의 영토를 지키기 위해 벌인 이와 같은 광란의 살인극은 '마운틴 메도스 대학살'로 알려져 있는데, 그들의 믿음 속에서 진정한 그리스도를 찾아보기란 힘든 일이다.

몰몬교는 성경(KJV)을 어느 정도는 존중하지만 그것이 오염되어 있다고 주장한다. 그래서 그들은 19세기에 조셉 스미스Joseph Smith가 계시를 받아 기록한 『몰몬경』, 『값진 진주』, 그리고 『교리와 언약』에 의존해야 한다고 말한다. 그들은 예수님을 루시퍼의 형제이자 신성을 가진 선구자로 이해하며 그분에 대해 전혀 다른 그림을 그린다. 그 밖에도 죽은 자를 위한 대리 세례와 네 단계의 사후 세계, 즉 가장 밑바닥에 있는 바깥 어두운 데(사탄과 '멸망의 아들'이 내던져진 곳)서 시작해 그 위로 별의 왕국, 달의 왕국, 해의 왕국이 있다는 등 궁금증을 자아내는 이야기들이 많이 있다.

따라서 기독교를 비판하는 이들이 마운틴 메도스 대학살 혹은 일부다처제를 주장하며 행하는 끔찍한 일들이나, 1970년대까지 흑인들에게 사제직을 인정하지 않았던 일 등의 책임을 기독교에 전가하려고 시도한다면, 그것은 번지수를 잘못 찾은 것이다. 물론 몰몬교인들은 스스로 기독교인이라고 주장하나 이는 그들의 희망사항일 뿐이다. (물론 그렇다고 그들이 전혀 올바르지 않거나, 존경할 만한 삶을 살지 않는다는 의미는 아니다. 단지 그들의 올바름과 존경할 만한 가치가 온전히 성경에 뿌리내리고 있지 않다는 뜻이다.)

메리 베이커 에디 Mary Baker Eddy가 창시한 크리스천 사이언스 Christian Science도 마찬가지다. 그녀는 자신의 책 『성경에 비추어본 과학과 건강』 Science and Health with Key to the Scriptures 에서 이 세상은 마야의 베일 veil of Maya* 같은 것이므로 건강에 좋은 이상 세계에 도달하기 위해 우리는 이 허상을 뚫고 나가야 한다며 동양 종교와 유사한 사상을 제시한다. (앞서 언급한 그레이프 너츠와 같이 크리스천 사이언스 역시 기독교도 아니고 과학도 아니다.)

그들이 고안해낸 바에 따르면 질병은 허상이고, 따라서 실제 의사가 아닌 영적 '전문가'인 목사에게 맡겨 해결해야 한다. 그러므로 크리스천 사이언스를 믿는 부모가 병에 걸린 아이를 응급실에 데려가지 않아 죽었다는 이야기를 접하고, 그 책임을 기독교인들 앞에 들이미는 것은 결코 온당치 못한 일이다.

물론 그와 같이 거짓 선전을 일삼는 터무니없는 일들이 나치 독일에서 일어난 바 있다. 바로 '독일 기독교 운동', '민족 기독교', '독일 복음주의 운동', '독일 신앙 운동', 그리고 '긍정적 기독교' 등이 그것이다.

---

* 철학자 쇼펜하우어가 언급한 개념으로, 산스크리트어의 '마야'는 '아니다'라는 뜻의 '마'와 '사실'이라는 의미의 '야'가 합쳐진 단어이다. 즉 이것은 실체가 아닌 것을 마치 실체인 것처럼 믿고 있는 허상을 가리키는 말이다.

"주여 주여"

몰몬교와 크리스천 사이언스는 신학에 있어서뿐만 아니라 또 다른 방식으로도 본 궤도를 이탈하고 있다. 그리스도를 따른다는 자신들의 고백을 웃음거리로 만들 정도로 터무니없이 행동하는 것이다. 마태복음 7장 21-23절에서 예수님께서는 다음과 같이 말씀하신다.

> 나더러 주여 주여 하는 자마다 다 천국에 들어갈 것이 아니요 다만 하늘에 계신 내 아버지의 뜻대로 행하는 자라야 들어가리라 그 날에 많은 사람이 나더러 이르되 주여 주여 우리가 주의 이름으로 선지자 노릇 하며 주의 이름으로 귀신을 쫓아 내며 주의 이름으로 많은 권능을 행하지 아니하였나이까 하리니 그 때에 내가 그들에게 밝히 말하되 내가 너희를 도무지 알지 못하니 불법을 행하는 자들아 내게서 떠나가라 하리라

또 같은 장에서 예수님은 "멸망으로 인도하는 문은 크고 그 길이 넓어 그리로 들어가는 자가 많고 생명으로 인도하는 문은 좁고 길이 협착하여 찾는 자가 적음이라"(13-14절)고 선언하신다. 따라서 우리가 '진짜 기독교인'은 어떤 '비기독교적인 일' 같은 끔찍한 일을 하지 않는다고 주장하는 것은, (앞서 언급한 '진짜 스코틀랜드인의 오류' 같은) 교묘한 속임수를 쓰는 것이 아니라 예수님의 가르침에 근거한 것이다. 실제

로 기독교인이 아닌 이들은 바로 이와 같은 가르침을 근거로 우리에게 이의를 제기하곤 한다. 예를 들면, "당신은 기독교인이라고 했던 것 같은데, 이웃에게 사기를 치다니(또는 "당신을 모욕한 사람을 때리다니", "선생님을 비방하다니", 혹은 "이웃의 아내와 동침하다니") 그건 진짜 기독교인의 행동이 아니잖소."라고 말하는 것이다.

연약함 가운데 어쩌다 한번 이러한 일을 저지르는 것도 충분히 나쁜 일이다. 하지만 이와 같은 일들을 고의적으로 반복한다면 그때는 더 이상 자신이 구원받은 자라고 주장하기는 어려울 것이다. 거짓말을 하고 회개하는 것과 오랫동안 지속해서 거짓말을 하는 것, 즉 본성적으로 거짓말쟁이의 삶을 사는 것은 전혀 다른 문제이다. 왜냐하면 그것은 그리스도 안에서 거듭났다는 고백도 거짓말처럼 보일 수 있기 때문이다.

이와 관련하여 악명 높은 사례는 로마 가톨릭 사제들이 연루된 성착취, 특히 소아성애에 관한 보고들이다. 예를 들면, 펜실베이니아 주 내에 있는 8개의 가톨릭 교구 중 6개 교구를 조사한 법원의 대배심 보고서가 있다.[2] 배심원단은 수십 명의 증인에게서 증언을 듣고, 영장을 발부하여 50만 쪽에 달하는 교구 내부 문서들을 검토한 결과 '300명 이상의 가해 사제들에 대한 신빙성 있는 혐의들'을 발견하였으며, 그와 함께 1,000명이 넘는 피해자들이 있음을 알게 되었다. 이들 대부분이 소년이고 그중의 일부는 사춘기 이전의 어린아이들이었다. 배심원들은 실제 피해자들의 수가 수천 명에 달할 것으로 추산

했는데, 교회가 이를 은폐하고 자료를 폐기한 것으로 판단했다. 결국 배심원단은 교회의 지도자들이 가해자들은 물론 무엇보다 자신들의 조직을 보호하기 위해 주 내의 모든 곳에서 제기된 일체의 항변을 무시해버렸다고 결론지었다.

450쪽이 넘는 이 보고서에는 학대 행위와 그에 대한 은폐 시도들, 그리고 관련자 수십 명의 명단 및 기타 자료 등을 구체적으로 담고 있다. 학대 행위 가운데는 교사였던 한 사제가 십 대 초반의 여자아이들을 자신의 차에 태우고 그 아이들에게 못된 짓을 범한 일이 있었다. 심지어 그는 그런 행위를 할 때는 로만 칼라를 벗어버린 후, 아이들에게 자신을 '신부님'이라고 부르지 말라고도 했다.

또 다른 사건에서는 사제가 자신의 숙소에서 일을 도와달라고 피해자들을 유인하여 그들에게 비디오 게임과 음료수, 간식 등을 제공하며 자신은 '하나님의 도구'로서 행동하는 것이라고 회유하여 결국 그들에게 더러운 행위를 하게 하였다.

이와 같은 악질 사제들의 기괴한 발상은 놀랍기 짝이 없었다. 어떤 사제는 남자아이들에게 '암을 진단하는 방법'을 가르쳐주겠다고 하거나, 또 다른 사제는 미사 때 사제를 돕는 복사(服事)에게 하나님께서는 미사를 도울 때 맨몸 위에 '사람이 만든' 어떤 옷도 입는 것을 원하지 않으신다며, 수단 cassock 안에 아무런 속옷도 입지 말라고도 했다. 이런 일들이 수백 쪽에 걸쳐 나열되어 있는데, 이것은 고작 펜실베이니아 지역에만 국한된 사례들일 뿐이다.

대배심은 교회의 조직적인 은폐 시도를 기망 행위로 규정했다. 예를 들어, '강간' 대신 '부적절한 접촉'이나 '경계선 논쟁' 등의 완곡한 표현을 사용한 점, 동료 성직자나 교회가 운영하는 정신과에서 이루어진 해당 사제들의 '자기 보고'에 주로 의존하는 식의 부실한 수사 방법, 교인들과 경찰은 배제한 채 모든 것을 내부적으로 진행한 점, 신빙성 있는 혐의를 받고 있는 사제들에게 계속해서 집과 생활비를 제공한 점 등이었다. 그뿐 아니라 배심원단의 사례 조사에는 해당 사제들이 이곳저곳으로 임지를 옮겨 다니면서도 면직되거나 성직을 박탈당하지 않았던 이력이 구체적으로 드러나 있다. 그들의 '결근'은 '병가'로 둔갑할 수도 있었고, 아니면 교직에서 쌓인 '극도의 피로'로 인해 재활원으로 재발령받을 수도 있었으며, 혹은 자선 의류 행사의 담당자 자리를 맡기도 했다.

따라서 문제는 학대 행위를 했던 사제들이 '면책'됐는지와 그 학대자들을 비호했던 이들도 '면책'됐는지까지 포함된다. 물론 기독교를 비판하는 데 여념이 없는 이들은 내가 '진짜 스코틀랜드인의 오류'를 들어 변명을 늘어놓는다고 말할 수도 있다. 하지만 분명한 것은 사제들의 책임을 입증해야 할 임무가 그들이 진실로 그리스도를 따르는 사람이라고 주장하는 이들에게 돌려졌다는 사실이다. 그러나 그들이 무슨 말을 하든 우리는 "그를 아노라 하고 그의 계명을 지키지 아니하는 자는 거짓말하는 자요 진리가 그 속에 있지 아니하되"라고 하신 요한일서 2장 4절 말씀에 따라 답해야 한다.

성경은 미성년자와의 성관계가 성적 순결에 관한 하나님의 명령에 어긋나는 것임을 분명히 가르치고 있다. 따라서 이러한 뜻을 무시하면 더 이상 그리스도의 제자라고 할 수 없다. 비록 세상은 교회가 이러한 연쇄 학대자들을 올바로 처리하지 못한다고 주장할지 모른다. 하지만 교회에는 일정한 원리하에 이들을 축출할 수 있는 절대적인 권한이 있다.

무지(無知)라는 요인

말이 나온 김에, 그리스도의 몸과 관련하여 좀 더 위안이 될 만한 말을 할 필요가 있겠다. 신임 목사였던 시절에 나는 실수가 많았다. 하지만 나를 향한 교인들의 비판도 가끔은 틀렸던 것 같다. 나는 교인들의 영적인 완고함에 대해 화를 내거나 낙담할 수도 있었지만, 책상 위에 붙여놓은 짧은 문구 덕분에 겸손히 마음을 다잡을 수 있었다. 그 문구의 내용은 이렇다. "무지와 혼란으로 설명할 수 있는 것을 악의로 돌리지 말라."

C. S. 루이스는 자신의 책 『순전한 기독교』에서 이러한 원리에 대한 예를 잘 보여준다. 그는 세일럼 마녀재판[*]이 다른 종교를 믿는 이

---

[*] 1692년 1월부터 9월까지 미국 보스턴 근교의 작은 어촌 마을인 세일럼(Salem)에서 행해진 종교재판과 그 과정에서 일어난 마녀재판을 가리킨다. 이 일로 총 20명이 죽었고 100명이 넘는

들에 대한 증오심에서 기인한 것이 아니라, 초자연적인 능력을 가진 사람들에게 선량한 사람들을 해치려는 의도가 있다는 잘못된 생각에 근거한 것임을 알게 되었다. 루이스는 다음과 같이 말한다.

> 한 사람은 "300년 전 영국에서는 사람들을 마녀로 몰아서 잡아 죽이는 일이 벌어졌소. 그것이 당신이 말하는 바 '인간 본성의 법칙'이나 '바른 행동의 법칙'이란 말이오?"라고 묻더군요. 분명한 것은, 우리가 지금 마녀를 잡아 처형시키는 일을 하지 않는 이유가 이제 더 이상 마녀의 존재를 믿지 않게 되었기 때문이라는 사실입니다. 만일 우리가 지금도 여전히 마녀의 존재를 믿는다면 – 자신의 영혼을 악마에게 판 대가로 초자연적 능력을 받아, 그 힘으로 이웃을 죽이거나 미치게 만들고 날씨를 궂게 만드는 사람들이 주위에 있다고 정말로 믿는다면 – 우리 역시 이 불쾌한 이적 행위자들을 사형시켜 마땅하다는 데 모두 동의했을 것입니다. 즉 도덕적인 원칙에는 차이가 없습니다. 사실에 대한 생각에 차이가 있을 뿐입니다.[3]

이제는 마녀 사냥꾼들의 생각이 틀렸음을 누구나 알고 있지만, 그럼에도 그 생각이 편협한 악의에서 비롯되었던 것은 아니다.

사람들이 체포되었다.

선의의 가면을 쓴 용들

선한 마음을 가졌으나 불쾌한 행동을 하는 사람들에게 적당한 이름이 바로 '선의의 가면을 쓴 용들'인 것 같다. 이는 마셜 셸리Marshall Shelley가 쓴 책의 제목이기도 하다.4) 이런 사람들은 고귀한 동기를 지니고 있으면서도 여전히 목사들을 근심케 하고, 교회를 어지럽히며, 나아가 교회를 세상의 구경거리로 만드는 일을 한다.

셸리는 다음과 같은 몇 가지 유용한 분류 체계를 제시한다. 새 사냥개The Bird Dog는 "목사의 눈과 귀와 코가 되어 관심 가질 만한 일들이 없는지 살피고 다니길 좋아한다." 젖은 담요The Wet Blanket는 "전염성이 강한 부정적 기질"을 갖고 있다. 시끄러운 대장The Captain Bluster은 "노조 대표들이 교섭력을 배우는 학교 출신으로, 마침표보다는 느낌표를 사용해 대화한다." 변덕스러운 자본가The Fickle Financier는 "교회의 결정에 대해 돈으로 찬성과 반대의 견해를 표현한다." 참견쟁이The Busybody는 "사람들에게 감 놔라 배 놔라 하는 것을 즐긴다." 저격수The Sniper는 "면전에서는 갈등을 피하지만 사적인 대화에서는 될 대로 되라는 식으로 말한다." 장부 담당자The Bookkeeper는 "목사가 '그리스도의 뜻에 합당치 않게' 행한 모든 일을 기록으로 남긴다." 거름 상인The Merchant of Muck은 "사람들의 이야기를 잘 들어주며 교회 안의 잘못된 일들을 수집해서 불만을 번식시킨다." 율법주의자The Legalist는 "목사가 몰 수 있는 자동차 종류에서부터 찬송을 부를 때 적당한 절 수까지 자기들만의 절대적인 목록을 갖고 있다."(이들은 목사를 정죄할 수 있는 결점 목록을 만들어 그것으로 교회의 일을 지연시킬 수도 있다.)

물론 이들 중 일부는 이름만 기독교인("곡식 가운데 가라지")일 뿐 실상은 버림받은 자들일 수 있다. 그렇지만 또 어떤 이들은 계속해서 성화 되어가며, 때로는 유익하지만 때로는 상처가 되는 성품을 드러내는 진행 중인 기독교인일 것이다. 어쩌면 이것은 아래 존 브로더스의 요리문답에서 말하고 있듯이, 그저 궤도의 문제일 뿐이라고 할 수도 있다.

> 질문. 참된 신자가 되었다는 확실한 증거는 무엇입니까?
> 답. 참된 신자가 되었다는 확실한 증거는 오직 마지막 순간까지 거룩하고 유익한 사람으로 자라가는 것뿐입니다(벧후 1:10).

다시 말해서, 현재는 그다지 대단한 모습을 보이지 못하고 때때로 후회스러운 퇴보를 하지만, 그럼에도 올바른 방향으로 계속해서 나아가고 있다는 뜻이다. 그뿐 아니라 하나님께서는 그분의 몸인 교회 안에서 다양한 유형의 성품들을 사용하실 수도 있다. 실제로 베드로가 가끔은 '시끄러운 대장' 역할을 하는 모습을 볼 수도 있다. 어쩌면 유오디아와 순두게의 그릇된 행위를 지적함으로써 빌립보서 2장 5-11절의 아름다운 구절을 쓸 수 있게 한 것은 바울이 '참견쟁이'이기 때문일 수도 있다.

이처럼 개중에는 불편하고 '신경이 많이 쓰이는' 기독교인도 있지만, 우리는 그들을 여전히 기독교인으로 인정할 수 있다. 또한 기독교를 비판하는 이들이 이런저런 경우들을 한데 뭉뚱그려서 덮어놓고 비판하는 것에는 반대할 만한 이유가 충분하다. 이와 관련하여 앞서 살펴본 제아제아와 칸즈의 경우가 어느 정도 변명이 되었으면 하는 바람이다. 그리고 우리가 그런 사람들은 '진짜 스코틀랜드인'이 아니라고 하더라도 회의론자들이 부디 우리를 용서하길 바란다.

요점 정리

- 문제를 일으킨 그 사람이 진정한 기독교인인지 묻는 것은 정당한 일이다. 예수님께서도 자신을 '주여'라고 부르지만 실상은 그분의 무리 안에 들지 않는 가짜들이 있다고 말씀하셨기 때문이다.
- 어떤 집단은 '기독교인'이라는 이름은 있으나 그 실체는 전혀 그렇지 않은 이들이 있다.
- 수치스럽거나 형편없는 사람에게서 교인의 자격을 박탈하는 일은 지극히 편리할 수 있지만, 그러한 일을 합당하게 해야 할 때가 있다.
- 지역교회는 키우기 쉽지 않은 식물들이 심어진 흥미로운 정원과도 같다. 어떤 교인은 아직 뭘 잘 모른다. 그런가 하면 어떤 이들은 자신이 정도를 벗어난 것은 아닌가 생각하며 조금씩 제자리로 돌아오다가 결국 완전한 깨달음과 새로워진 모습에 다다르게 된다. 이런 문제들을 꺼내 드는 것은 번거로운 일이지만 또한 거룩한 일이기도 하다.

"기독교가 그렇게 좋다면, 기독교인들은 왜 그렇게 나쁜가?"
If Christianity Is So Good, Why Are Christians So Bad?

6.

정말 그러한가? 의심스러운 이야기들

창세기 앞부분에 보면 사탄이 하와를 유혹할 때 의도적으로 하나님을 오해하게 만드는 말을 하는 모습을 볼 수 있다. 하나님께서 에덴동산에 있는 특정 나무의 열매를 먹지 말라고 명하신 것을 두고 "너희가 그것을 먹는 날에는 너희 눈이 밝아져 하나님과 같이 되어 선악을 알 줄 하나님이 아심이니라"(창 3:5)고 말한 것이다. 나는 예전에 어떤 목사가 이는 가장 오래된 거짓말이자 뉴에이지의 발상이라고 말하는 것을 들은 적이 있다. 물론 사탄의 말 속에 진실인 부분이 전혀 없는 것은 아니며, 그것은 다른 모든 거짓말도 마찬가지다.

예컨대 하와는 죄와 타락의 새로운 세상을 보게 되었고, 하나님께서는 진실로 그와 같은 끔찍한 결말을 알고 계셨으며, 그러한 점에서 인류 최초의 부부와 하나님 사이에 약간의 공통점이 생기게 되었다. 하지만 하와는 자신과 아담이 어떤 상황에 직면하게 될지 알지 못했다. "하나님과 같이 되어" 큰 지혜와 능력을 얻지 않을까 상상했던 바와 달리 그들은 더욱더 불경하고 무능한 상태에 빠지게 된 것이다.

"거짓의 아비"라 불리는 사탄은 다양한 매체를 이용해 기독교인들에게 불리한 이야기들을 만들어내고 전한다. 앞서 살펴본 바와 같이 우리에게는 부끄럽고 수치스러운 일들이 많지만, 그 이야기들 중에 어떤 것은 의문을 제기해볼 필요가 있다.

엔터테인먼트 산업

최근에 검사인 친구 한 명이 하소연을 했다. 요즘 법의학 관련 TV 프로그램들이 잘못된 방향으로 흘러가서, 그 때문에 검찰의 일이 말도 안 되게 어려워지고 있다는 것이다. 방송에서는 지문의 일부분이나 카펫의 섬유 조각, DNA 검출이나 통화 기록 조회 등을 통해 한 시간 내외로 깔끔하게 사건을 해결한다. 따라서 이 모습에 익숙해진 배심원들은 아주 간결하게 판결을 내릴 수 있을 것으로 기대하며 재판에 참여한다. 그러나 문제는 TV 프로그램에서 보여주는 것과는 달리 실제 증거는 더 모호할 때가 많고, 그것을 분석하는 일도 신뢰성이 떨어지는 경우가 자주 있다는 점이다.

이와 마찬가지로 대중들은 '할리우드'의 거대 기업들과 전 세계 엔터테인먼트 산업의 영향으로 교회와 교회의 사역에 대해 왜곡된 관념을 갖게 될 수 있다. 우선 목사들이나 명백한 기독교인 평신도들은 그러한 현장에 거의 참여하지 않는다. 따라서 제작자나 감독, 작가들이 기독교에 대한 묘사를 조심스러워하는지 아니면 난처해하는지, 혹은 적대적인지 알기란 쉽지 않다.

어떤 경우든 간에 엔터테인먼트 산업에 종사하는 많은 이들은 영국의 전 총리인 토니 블레어의 대변인이 했던 "우리는 하나님을 끌어들이지 않는다."라는 말과 동일한 입장을 취하고 있는 것으로 보인다. (나는 스티븐 스필버그 감독의 영화 "E.T."를 보고 나서 이런 문제에 대해 처음 충격을 받았다. 왜냐하면 영화 속 그 어떤 등장인물도 교회와 성경에 관한 내용을 표현하는 데 최소한의 관심이나 지식도 없어 보였기 때문이다.)

결과적으로 대중들은 주인공이 하나님을 필요로 하지 않기 때문에 우리에게도 필요 없다는 생각을 하기 쉽다. 즉 하나님은 소설 속에서 그다지 쓸모 있는 소재도 아니고, 오히려 하나님과 그를 믿는 사람들은 방해만 될 뿐이다.

행여 교회가 등장하는 장면에서는 목사들이 무기력한 모습으로 그려질 때가 많다. 영화에서 본 수많은 장례식 장면들을 떠올려보면, 고인은 평안히 잠들어 있고 목사나 신부는 고귀하고 확신에 찬 말들을 전한다. 마치 천국으로 향하는 길이 끝도 없이 넓고 광활한 것처럼 말이다. 그리고 나면 짧은 설교가 이어지는데, 이는 성경의 말씀을 풀어주는 것이라기보다는 머그 컵에 인쇄된 인상적인 문구들 같다. 이런 성직자들은 현장에 투입되면 선지자와 사도, 혹은 장로들의 발자취를 따르기보다는 우물쭈물하거나 자기 손만 쥐어짜는 경우가 더 많다. 이 또한 목사들을 전능하신 주님의 대리자보다는 쓸데없는 직분자처럼 그리는 것이다.

마치 제작자들이 이런 메시지를 전하는 것 같다. '저 양반들이 차라리 힘을 모아 어려운 이웃들을 도와주든지, 아니면 암 치료법 같은 것을 찾아내거나 지구온난화에 맞서 싸우든지, 정말로 도움이 되는 일을 했으면 좋겠다.' 물론 "야전병원 매쉬"*에 등장하는 멀카히 신부처럼 사랑이 넘치는 성직자의 모습을 그려낼 수도 있다. 하지만 그런 인물은 정말로 큰일이 있을 때는 그것을 감당할 능력이 없는 경우가 많다.

그러나 여기서 끝이 아니다. 이 업계에서는 실제 교회 안에 있는 것보다 훨씬 더 많은 불한당을 만들어냄으로써 하나님의 백성을 궁지에 몰아넣기 위해 작정한 것처럼 보인다. 대표적인 영화로 로버트 드니로가 온몸에 성경 구절로 문신을 새긴 사이코패스 살인자 역을 맡았던 "케이프 피어"가 있다. 그밖에 다른 예들도 많이 생각나지만 무엇보다 인터넷 영화 데이터베이스(IMDb, imdb.com)에 보면 '성경과 하나님, 그리고 기독교를 조롱, 왜곡, 비방하는 영화들'이라는 주제

---

* 한국전쟁에 참전한 미군 의료인들의 모습을 그린 소설(1968년)이자 그 원작을 바탕으로 제작한 영화(1970년)와 TV 드라마(1972~1983년)의 제목이다.

아래 나열된 영화 목록이 있을 정도다.

이처럼 엔터테인먼트 매체들의 영향으로 일반 대중들 사이에 독실한 기독교인은 한심하고 혐오스럽거나, 악의적이라는 인식이 확산되는 것은 결코 놀라운 일이 아니다. 이러한 인식은 문제를 해결하는 데 도움이 되지도 않을 뿐더러 사실은 문제의 일부이다.

언론

나는 한때 내가 속한 교단에서 섭외 담당 업무를 맡은 적이 있었는데, 그 당시 국내의 신문사와 언론사의 종교 분야 편집자들에게서 거의 매일 연락을 받았다. 거기다 연관검색어 발췌 서비스도 구독하고 있었기 때문에 매주 수십 개의 기사를 받아보고 있었다. 그 기사들 중에는 타당한 내용도 많이 있었지만, 우리 교단 산하의 학교나 기관 등에서 성경의 무오성을 신봉하고 있는 것에 대한 불만이 압도적으로 많았다.

또한 많은 기자와 평론가들은 낙태 산업에 반대하고 동성애의 정당화에 저항하는 우리의 입장에 불편한 심기를 드러냈다. 나는 그들이 '종교적 좌파'라는 말은 거의 쓰지 않으면서도 '종교적 우파'라는 표현은 집요하게 사용하는 것을 볼 수 있었다. 그리고 그들이 말하는 그 '좌'와 '우'라는 것이 결국에는 '나의 왼편' 아니면 '나의 오른편'을 의미한다는 점에서 나는 큰 충격을 받았다.

그뿐 아니라 그들이 '보수주의 중흥'을 외치는 편은 '근본주의자'라고 부르고, 그 반대 편은 '중도파'라고 이름 붙이는 것 또한 탐탁지 않았다. 그것은 마치 전자에 대해서는 가혹한 표현을 하고 후자에는 기분 좋은 표현을 쓰는 것처럼 보였다.

나는 둘 다 가혹하게 표현하든지('근본주의'와 '자유주의') 아니면 둘 다 듣기 좋게 표현하는 것('보수주의'와 '중도주의')이 더 낫다고 생각했다. 그래서 이러한 생각을 미국연합통신의 종교 담당 편집자에게 제안했고, 그 제안은 아래와 같이 「연합통신편람」에 포함됨으로써 내 생각을 뒷받침할 수 있게 되었다.

근본주의자: 이 단어는 20세기 초반 개신교 내의 근본주의자와 현대주의자 사이의 논쟁에서 사용되기 시작했다. 그러나 최근에는 엄격하고 문자적인 성경 해석과 다른 기독교인과의 분리를 강조하는 집단에 적용되는 경우가 아니면 대체로 경멸의 의미로 사용되고 있다. 일반적으로 특정 집단이 이 단어를 자신에게 사용하는 경우가 아니면 근본주의자라는 말은 사용하지 않는 것이 좋다.[1]

다행히도 그 편집자는 흔쾌히 내용을 수정해주었다. (그리고 또 다른 맥락에서 보면 우리는 몇몇 가톨릭 지도자들에게 '근본주의자'와 '복음주의자' 사이에는 차이점이 있다는 점을 설득할 수도 있었다.)

성인전과 성인 파괴의 위험성

화려한 성인전이 기독교 문학의 주축을 이룰 때가 있었다. 성인전이란 말 자체가 '성인들의 삶'을 뜻하는 것으로, 교회 역사에서 귀감이 될 만한 인물들에 대한 전기를 가리킨다. 그러다 그 범위가 넓어져 세속의 인물 중에서도 찬란히 빛나고 사그라들지 않는 긍정적인 이야기가 있으면 그런 것들까지 포함하게 되었다.

물론 그 핵심은 덕을 쌓는 것이므로, 저자가 다소 민망한 내용을 빠뜨렸다고 해도 독자들이 그것 때문에 오해할 필요는 없다. 어차피 그 대상은 결점이 있는 인간이라는 점을 전제로 하고 있으니, 우리는 힘과 용기를 불어넣는 내용만 취해도 되는 것이다. 하지만 대상 인물의 여러 측면을 좀 더 보기 좋게 그린다면 더욱 유익한 효과를 기대할 수 있다. 왜냐하면 우리가 더 고상한 삶을 추구할 때, 그러한 영웅들과 나 자신을 일치시키는 것이 도움이 될 수 있기 때문이다.

그런데 주제를 더욱 부각시키기 위해 인물의 도덕적 완벽함이나 기상천외한 전설을 동원할 때 문제가 발생한다. 그때는 숭배의 대상이 생겨나는 것이다. 예를 들어, 아일랜드의 수도사인 성 퍼시St. Fursey는 다음과 같이 묘사되었다.

[그]는 우러러볼 만큼 아름답고, 몸은 순결하고, 마음은 진실하며, 말투는 정중하고, 태도는 품위 있고, 지혜가 넘치며, 검소함의 본이 되

고, 굳건한 결의가 있고, 올바른 판단에 흔들림이 없으며, 불굴의 참을성이 있고, 강인한 인내가 있고, 겸손함 가운데 부드러우며, 세심하게 자선을 베푼다. 그런가 하면 그의 지혜로 말미암아 모든 미덕의 광채가 드높여져, 사도에 말에 따르면, 그와 나누는 대화는 하나님의 은혜 가운데 언제나 재치가 묻어났다.[2)]

또한 베네딕트 St. Benedict에 얽힌 놀라운 행적을 부각시키는 내용도 있다. 그에 따르면 수도원에 있던 어린 소년 하나가 물을 길으러 호수에 내려갔다가 거기에 빠졌고 호수의 물결이 그 아이를 멀리 데려가 버렸다.

수도원 안에 있던 하나님의 사람은 그 순간 무슨 일이 일어났는지 알아챘고 곧장 마우루스를 불렀다. '서두르시오, 마우루스 형제!' … 그 뒤에 일어난 일은 참으로 놀랍고, 사도 베드로 이후 전혀 들어본 적 없는 일이었다! 마우루스는 자신에게 축복해 달라고 요청했고, 그 축복을 받자마자 그는 수도원장이 내린 임무를 수행하기 위해 서둘러 그 자리를 떠났다. 그는 계속해서 달렸고, 심지어 물 위로도 달려서 플라키두스가 속절없이 떠내려가고 있던 그 장소에 도착했다. 그의 머리카락을 움켜잡은 마우루스는 마치 마른 땅에 서 있는 것처럼 그를 끌어당기며 다시 호숫가를 향해 달려갔다.[3)]

이처럼 기독교 작가들 중에는 모범이 되는 신자의 삶을 이야기할 때 지나치게 과장하는 경우가 있는 것이 사실이다. 그러나 '성도'의 명예를 훼손하는 일 또한 굉장히 만연해 있고, 이는 과장하는 것 못지않게 오해의 소지가 크다. 그러한 글은 존경받는 인물들을 헐뜯는 일에 선을 넘는 것이다. 심지어 단순히 그들의 연약함과 실수를 부각하는 데서 그치지 않고 그들의 장점과 숭고한 업적을 무시하거나 깎아내리기까지 한다. 사랑에 눈이 멀면 결점을 간과하게 된다. 그런데 그 반대도 마찬가지다. 경멸의 마음은 오감을 마비시킨다.

바로 그때 우리는 어떤 오류에 빠지게 되는데, 나는 그것을 '성인 파괴'Hagioclasm라고 부르고자 한다. '성인전'Hagiography은 어떤 인물을 성인으로 지정하는 일을 정당화하기 위한 글이다. 여기서 전기(傳記)에 해당하는 '전'graphy을 '파괴'clasm라는 말로 바꾸면 이것은 잘 알려진 성인들의 명성을 망가뜨리는 일이 된다. (이는 일반적으로 교회 안에 그림이나 조각상 등의 형태로 자리하고 있는 우상을 파괴하는 일을 가리키는 '성상 파괴'iconoclasm라는 말에서 도출된 단어이다.)

크리스토퍼 히친스는 『자비를 팔다』The Missionary Position라는 책에서 테레사 수녀를 혹평했다. 그녀는 성인전과 시복(諡福)* 의 대상이 된 인물이었음에도 말이다. 그런데 그는 거기에 아무 근거 없이 비아냥

---

* 로마 가톨릭에서 시복은 신자가 세상을 떠난 이후에 하늘의 축복을 받고 종교적 숭배의 대상이 될 만하다고 선언하는 행위를 말한다.

조의 성적인 제목*을 붙임으로써 그 책이 큰 인기를 끌게 될 것을 암시했다. 또한 그는 퀘이커 교도들에 대해 더 심한 말도 했는데, 이는 놀랄 일도 아니다. 다른 유명한 무신론자 두 사람과 나눈 대담에서 그는 이런 판단을 내놓기도 했다.

> 히친스: 퀘이커 교도들은 '우리는 악에 대해 저항하지 말라고 설교한다'라고 말하죠. 그건 사실 그 어떤 태도(체위)보다 더 악한 것입니다.
> 해리스: 합당한 맥락에서는 그렇죠.
> 데닛: 맞아요. 그들은 무임승차한 사람들이죠.
> 히친스: 그니까요. 필라델피아에서 자유를 위해 싸워야 했던 그 중요한 순간에 퀘이커 교도들이 어떻게 행동했는지 프랭클린의 글을 한번 읽어보세요. 사람들이 왜 그들을 멸시하는지 알게 될 겁니다. 저는 퀘이커교가 미국에 상당히 심각한 위험이라고 말했을 겁니다. 이건 시간과 장소의 문제죠…. [4]

블룸즈버리 그룹**의 리튼 스트레이치 Lytton Strachey 역시 이들 못지

---

* 『자비를 팔다』의 영문 제목은 남녀가 성관계를 할 때 취하는 '정상 체위'를 뜻하는 표현이다. 그 기원에 대해서는 여러 설이 있지만, 중세에서 근대 초기에 이를 때까지 기독교 신자라면 오직 자손의 번식을 위해서만 성관계를 해야 하며, 그 방식조차도 서로가 서로를 바라보고, 또 남성이 여성 위에 올라가는 형태가 가장 경건하다고 강요했다. 그래서 이러한 체위를 경건한 선교사들의 체위라는 뜻에서 이와 같이 이름 붙여 사용했다.
** 20세기 초반 영국 런던의 블룸즈버리 지역에서 생겨난 작가와 철학자, 예술가, 지식인들의 모임이다.

않게 괴팍한 사람이다. 그의 책 『빅토리아 시대 명사들』은 플로렌스 나이팅게일Florence Nightingale이나 고든 장군General Gordon 같은 존경받는 영국인들의 명성에 흠집을 내려고 쓴 책이다. 스트레이치는 갖은 이유로 나이팅게일을 헐뜯었다. 왜냐하면 그는 크림 반도에서 "병에 걸린 군인들의 눈앞에 여성의 부드러운 시선이 처음 등장하자 그들의 눈이 사랑으로 가득 차는 모습"을 참을 수 없었기 때문이다. 그 모습을 이렇게 묘사한 이도 있었다. "그녀가 오기 전에는 저주와 욕설이 난무하던 곳이 그 이후에는 교회와 같이 거룩해져 남자들은 그녀가 지나갈 때 생기는 그림자에도 입을 맞추었다."

하지만 그녀에 대한 스트레이치의 모욕은 거기서 그치지 않았다. 그는 병원에서 높은 자리를 놓고 경쟁이 벌어졌을 때 그녀가 보인 오만한 태도에 대해, 개인적인 편지에서 자신의 동료를 향해 경멸적인 표현을 썼던 것에 대해, 파스퇴르Louis Pasteur와 리스터Joseph Lister의 연구를 이해하지 못하고 그들의 일을 "세균 페티시"라고 부르며 비웃었던 일에 대해, 그리고 나름대로 하나님의 존재를 증명하고자 했던 일(그녀는 자연의 법칙에는 반드시 그 법을 만든 이가 있어야 한다고 주장했다)에 대해서도 그녀를 폄하했다.[5]

이 책에서 그는 '경건한' 빅토리아 시대를 조롱했던 또 한 사람인 새뮤얼 버틀러Samuel Butler의 정신을 표방하고 있다. 버틀러는 자신의 책 『만인의 길』에서 어떤 목사가 발음을 잘 못하는 자신의 어린아이들에게 지속적으로 매질을 했던 이야기를 아주 즐거워하며 써 내려갔다. 그 아이는 어려운 소리인 'c'나 'k'를 제대로 발음하지 못해서 'Come' 대신 'Tum, tum, tum' 하고 말을 했다. 그 목사는 아이가 고의적으로 이렇게 발음한다고 생각했다.

> 가엾은 그 어린 애를 거실 밖으로 질질 끌고 나갔고, 아이는 무슨 일이 일어날지 알기에 울음을 터뜨렸다. 몇 분이 더 지나자 거실과 주방 사이에 있는 복도를 넘어서 주방 쪽에서 비명이 들려왔고, 우리는 불쌍한 어니스트가 매를 맞고 있음을 알게 되었다. "이제 침실로 들여보냈소." 거실로 돌아온 시어볼드는 말했다. "그럼 이제 크리스티아나, 하인들을 기도하러 보내야겠소." 그러고는 아이를 때린 그 손으로 하인들에게 종을 울렸다.[6]

적어도 우리는 베네딕트에 대한 긍정적인 이야기든, 나이팅게일에 대한 부정적인 이야기든, 이 모든 이야기를 적당히 가려서 취할 필요가 있다.

비단 무신론자들만이 아니라 기독교인들도 종파적인 목적을 이루기 위해서라면 지나치게 과장하는 일도 능숙하게 할 수 있다는 점을 주목해야 한다. 스페인의 종교재판은 당시에도 끔찍한 일이었지만 그 이후로도 여러 가지 이유와 목적에 따라 부풀려지고 왜곡되었다.

그 이유 중의 하나는, 당시 유럽의 개신교 국가들이 스페인을 최악의 상황으로 내몰기 위해 온 힘을 다했기 때문이다. 얼마 지나지 않아 잉글랜드는 스페인의 무적함대와 맞서게 되었고, 네덜란드는 스페인의 통치에서 벗어나기 위해 80년 전쟁에 들어갔다. 만약 적국을 포악한 압제자로 몰아가서 쫓아낼 수만 있다면, 저항의 필요성은 그 어느 때보다 더 커질 것이다. 게다가 스페인 가톨릭의 지배에서 벗어나고 싶었던 이탈리아의 가톨릭교도들 역시 비방에 참여했다. 결국 스페인의 불신자들은 종교재판 때문에 자국의 경제와 문화가 뒤처지게 되었다고 비난의 화살을 돌렸다.

아무리 성실한 연대기 기록자라 하더라도 원자료에 구전된 이야기가 스며들면서 왜곡된 기록을 남길 수 있다. 이처럼 세대를 거듭하면서 많은 이들이, 심지어 화가 고야나 러시아의 문호 톨스토이까지도 이렇게 과장된 기록을 남기는 일에 참여했다.[7] 아마 어떤 사람들은 당시 이 종교재판에서 처형당한 사람의 숫자가 2001년 9월 11일에 쌍둥이 빌딩에서 단 한 시간 만에 죽은 사람들의 수와 같은 3,000명[8] 안팎이라는 이야기를 듣게 되면 놀라움을 금치 못할 것이다.

학자들

초기의 기독교인들은 인육을 먹는다는 비난을 받았는데, 그 이유는 그들이 '그리스도의 몸을 먹는다.'라고 했기 때문이다. 또한 근친상간을 한다는 비난도 받았는데, 그 이유는 남성이 그리스도 안에서 자신의 '자매'인 여성을 아내로 맞아 함께 살았기 때문이다. 1890년대, 역사가이자 코넬대학교의 총장이었던 앤드류 딕슨 화이트 Andrew Dickson White 는 『기독교계 안에서 과학과 신학의 전쟁사』 A History of the Warfare of Science and Theology in Christendom 라는 자신의 책에서 기독교 신앙을 비방했다. 그가 근거로 제시하는 한 가지 예는, 한때 목사들이 여성의 분만 시에 마취제를 사용하는 것은 창세기 3장에서 받은 저주의 고통을 덜어주는 일이라는 이유로 반대했다는 것이다.

『과학과 종교는 적인가 동지인가』라는 책의 기고자들은 화이트의 이와 같은 비방과 그외 과학사에 기록된 종교에 관한 잘못된 통념들을 치밀하게 논증한다. 화이트는 자신을 향한 이교도 취급과 혹평에 대해 다음과 같이 맞받아쳤다. "현대 역사를 통틀어 종교적인 이익을 위해 과학을 방해하는 것은, 그것이 아무리 양심적인 간섭이라고 해도 결국에는 종교와 과학 모두에게 최악의 결과를 가져왔다." 여성참정권론자인 엘리자베스 케이디 스탠턴 Elizabeth Cady Stanton 을 비롯한 준비된 청중이 이를 받아들였고, 그들은 화이트의 연구를 '성경은 진보의 가장 큰 걸림돌이다.'라는 말의 증거로 꼽았다.[9)]

스탠턴의 칭송에도 불구하고 근거가 희박한 자료를 바탕으로 한 화이트의 오만함은 비난받아 마땅한 것이다. 예를 들어, 그는 중세 기독교인들이 인체를 해부하는 것은 '영혼의 성전'을 더럽히는 일이라 여겨 반대했다고 주장하지만, 다음의 내용과 같이 사실은 그와 정반대임을 분명히 알 수 있다.

중세 교회의 지도자들 대부분은 다음과 같은 종교적인 목적으로 인간의 시체를 해부하거나 절단하는 일을 용인했을 뿐만 아니라 장려하기도 했다. 내장을 적출하여 성체를 방부 처리하는 일, 신체를 나누어 성물로 만드는 일, 성덕의 흔적을 찾기 위해 거룩한 남녀의 내장을 검사하는 일, 그리고 분만 중에 사망한 여성의 신체에서 태아를 꺼내어 세례를 베풀기 위한 목적으로 하는 수술. 이는 훗날 제왕절개로 알려지게 됨.[10]

다른 장에서도 화이트는 16세기의 배교한 사제 조르다노 브루노 Giordano Bruno가 이신론과 만민구원설의 신비적 형태를 추종했기 때문이 아니라, 우주의 중심이 태양이라는 견해를 내세웠기 때문에 처형당했다는 잘못된 주장을 함으로써 또 한 번 오류를 범하고 있다.[11] (실제 이야기도 결코 좋은 것은 아니지만, 화이트가 그것을 자신의 서술에 가져다 잘못 사용함으로써 그 이야기를 더 나쁘게 만들었다.)

공정하게 말하자면, 근거 없는 '통념'myth은 기독교 진영에 유리한 경우도 있다. 알프레드 노스 화이트헤드 Alfred North Whitehead는 근대 과학이 중세 신학에서 비롯했다고 주장했는데, 노아 에프론 Noah Efron은 이러한 주장을 어느 정도 인정하면서도 다른 문화들이 상당한 기여를 했다고 역설했다.

근대 과학은 (어느 정도, 어떤 식으로든) 근대 초기와 르네상스, 그리고 중세 자연철학에 기초하고, 이들은 다시 (어느 정도, 어떤 식으로든) 아랍의 자연철학에 기초하고 있으며, 이는 다시 (어느 정도, 어떤 식으로든) 그리스, 이집트, 인도, 페르시아, 그리고 중국의 문서에 기초하고 있고, 이들 또한 결국에는 그보다 더 이른 시기의 다른 문화에서 비롯된 지혜에 기초하고 있다.[12]

이는 일종의 학술적 헤징Academic hedging*의 한 모델이지만, 요점은 어느 쪽 주장이든지 성급한 서술을 경계해야 한다는 것이다. 특히 본서의 목적을 고려했을 때, 기독교를 비하하기 위해 만들어진 이야기에 초점을 맞출 필요가 있다.

언어 게임

이야기를 만들어 사람을 지나치게 유리하거나 불리한 시각으로 비출 수 있는가 하면, 홍보 전문가와 영리한 비평가들은 보다 더 근본적인 도구를 활용할 줄 안다. 바로 완곡어법이나 그와 정반대인 위악어법(중립적인 표현을 모욕적인 의미를 내포하는 단어로 바꾸는 기법)과 같은 언어

---

* 논문이나 학술적 글쓰기에서 사용되는 표현 방식 중 하나로, 주장의 강도를 약하게 하거나 확신을 덜어내어, 논의의 여지를 남기는 것을 의미한다. 이를 통해 연구자는 자신의 주장이 완전한 진리로 받아들여지는 것을 방지하고, 주장이 학문적 토론의 일부로서 다양한 해석이 가능함을 암시할 수 있다.

적 기교이다. 논리학자들은 제대로 된 논증을 하지 않고 그저 많은 말을 쏟아내서 자신의 주장을 관철하려고 하는 '선결문제 요구의 오류' question-begging epithets 에 대해 경고한다. 그것은 감정을 한껏 담은 표현을 사용하여 사람의 마음을 녹이든지 아니면 겁을 주든지 해서 논쟁에서 원하는 결과를 얻어내려는 수법을 말한다.

예를 들어, '직원 중에 복음주의자들이 저렇게 **많이 있는** 것이 좋다고 생각하십니까?'라는 질문과 '직원 중에 복음주의자들이 저렇게 **득시글대는** 것이 좋다고 생각하십니까?'라는 질문의 차이를 한번 생각해보라. 전자는 열린 질문인 반면 후자는 그렇지 않다. 어느 누가 득시글댄다는 말을 긍정적으로 여기겠는가? 다시 말해, 어떤 어휘를 받아들인다는 것은 특정한 관점을 받아들인다는 말이다. 이사야 5장 20절을 보면 이에 대한 언급이 있다. "악을 선하다 하며 선을 악하다 하며 흑암으로 광명을 삼으며 광명으로 흑암을 삼으며 쓴 것으로 단 것을 삼으며 단 것으로 쓴 것을 삼는 자들은 화 있을진저."

이는 오늘날 공공정책을 논의할 때 성경을 인용하는 사람을 '신정주의자'라고 부르고, 성경의 불편한 가르침을 계속 전하려는 기독교인을 '광신도'나 '지옥불과 유황'에 환장한 사람으로 묵살하면서도, 간통과 같은 죄를 그저 '사건'affair이란 말로 완곡하게 표현하는 우리 시대에도 적절한 가르침이다.

따라서 우리는 애초에 무엇이 옳고 그른지조차 제대로 알지 못하는 이들이 우리를 향해 '그른' 일을 한다고 비판하는 것을 그대로 받아들이지 않도록 경계할 필요가 있다.

나는 몇 년 전에 NBA 뉴욕 닉스의 찰리 워드Charlie Ward와 앨런 휴스턴Allan Houston이 함께 성경 공부에 참석했던 유대인 기자를 상대로 그리스도에 관해 언쟁을 벌였던 일이 떠오른다. 그 내용을 읽은 시카고의 한 평론가는 그 선수들을 "혐오와 헛소리를 [지껄인다]"고 비난했고, 특히 워드에 대해서는 그를 "교활한 종교적 위선자의 표본"이라고 부르며 격분했다.

그녀는 많은 이들이 그렇듯 '혐오'와 '종교 위선자'bigot라는 말을 아무렇지 않게 내뱉었다. 기독교인들은 종종 이러한 공격에 큰 타격을 받는다. 주로 사람들이 지금의 문화에서 강요하거나 탐닉하고 있는 것에 대해 성경적인 대안을 제시하려 할 때 공격을 받는다.

기독교에 상처를 입힐 수 있는 대중적인 수사적 기법 중의 하나를 살펴보자. 이 기법은 의학 용어인 '공포증'phobia이나 '공포증 환자'phobe라는 표현을 사용하는데, 전통적인 기독교 신앙과 그 행위에 헌신적인 사람들을 존경과 경청의 대상이 아닌 정신적으로 문제가 있어서 치료나 격리가 필요한 사람처럼 취급하는 것이다. 그렇게 해서 합리적인 사람을 가엾은 대상으로 바꾸어 버린다.

이러한 기법을 사용하면 성(性) 다양성이라는 오만한 생각에 이의를 제기하는(트랜스포비아, transphobia) 사람은 고소 공포증 환자나 광장 공포증 환자처럼 이성적이지 못한 사람이 되는 것이다. 또 남성 염색체와 생식기를 가졌지만 스스로를 여성이라고 생각하는 선수가 여성부 육상 경기에 출전하는 것을 막아야 한다는 제안을 할 수 없게 된다. 만약 이와 같은 낙인찍기가 심해진다면, 도덕적으로 민감한 일에 반대하는 것은 그저 기독교인이 저지르는 수많은 나쁜 일에 또 하나의 '나쁜 일'을 더하는 꼴이 될 뿐이다.

문화상대주의자

어떤 지역에서는 문화상대주의자들이 애니미즘 세계에 기독교 세계관이 '침입'한 것을 문제 삼아, 정부가 선교사들의 설교로부터 원주민을 보호하기 위해 관여했다. 그들의 관점에서 보면 이 사람들을 하나로 묶어주는 것이 바로 부족 신앙이기 때문이다. 그들의 영혼이 위태로운 처지에 있지만, 세속주의자들은 그런 생각(사실)을 경멸할 뿐 상관하지 않는다. 그들의 전통적 관습은 심각한 범죄와 위험을 수반하지만, 상대주의자들은 이들의 삶을 낭만적으로 미화하고 복음에 무지한 상태로 방치한다.

물론 선교사들이 유감스러운 일을 저지른 적도 있다. 그리고 그것은 철학자들이나 의사들, 심지어 영양학자들도 마찬가지다. 그러나 그들이 가장 심혈을 기울인 일, 곧 사람을 "길이요 진리요 생명"이신 예수 그리스도께 인도하고자 했던 일은 존경받아 마땅한 일이다. 그런데도 문화상대주의자들은 그것을 '나쁜' 일이라 칭한다.

풍자화

기독교를 비판하는 이들의 주장이 설득력을 얻는 한 가지 방법은, 오랫동안 잘못 사용되어 굳어진 성급한 추측에 의존하여 '풍자화'라는 카드를 사용하는 것이다. 그런데 가끔씩은 기독교 학자들이 이에 반발하며 오해를 바로잡으려 할 것이다. 예를 들면, 『청교도 이 세상의 성자들』[13]에서 리랜드 라이큰 Leland Lyken은 '청교도가 ~하다는 것은 누구나 다 안다.'라는 명제에 담겨 있는 세간의 통념을 밝혀내려 했다. 그리고는 그 속설들을 다음과 같이 하나씩 제시한다.

1) 청교도는 "섹스를 거부했다." 2) 청교도는 "절대 웃지 않으며 재미를 추구하지 않았다." 3) 청교도는 "칙칙하고 시대에 뒤처진 옷만 입었다." 4) 청교도는 "운동과 여가 생활을 반대했다." 5) 청교도는 "부자가 되기 위해서는 어떤 일이라도 하는 돈에 환장한 일 중독자들이었다." 6) 청교도는 "예술에 적대적이었다." 7) 청교도는 "지나치게 감정적이고 이성을 도외시했다." 8) 청교도는 "일흔이 넘어선 늘그막 인생들에게나 먹혀 들어갔던 구식 종교 운동이었다." 9) 청교도는 "인간의 육체와 물질 세계를 혐오했다." 10) 청교도는 "자신들과 생각이 다른 사람을 용납하지 않았다." 11) 청교도는 "지나치게 엄격"했다. 12) 청교도는 "신앙의 이름으로 정상적인 인간의 감정을 억압한" 사람들이었다. 13) 청교도는 "사람을 외적인 행위로만 판단하는 율법적 도덕주의자들이었다." 14) 청교도는 "자기혐오에 깊이 빠져있는" 사람들이었다. 15) 청교도는 "교육을 반대한 무식한 사람들이었다."

꽤나 긴 고소장이지만, 라이큰은 전체적으로 균형 잡힌 시야를 잘 유지한다. 한 예로, 그는 검은색 복장은 주일이나 특별한 행사가 있을 때 입는 것이었고, "일상에서는 다양한 색깔의 옷을 입었다."라고 설명한다. 예를 들어 "미국의 청교도인 윌리엄 브루스터^{William Brewster}는 파란색 코트와 보라색 코트, 그리고 초록색 조끼를 입었다." 그뿐 아니라 옥스퍼드의 존 오웬^{John Owen}에게는 "벨벳으로 만든 외투와 무릎 주변에 리본 장식을 한 반바지 … 그리고 윗부분을 케임브릭으로 덧댄 스페인 가죽 부츠"도 있었다. 그리고 청교도 올리버 크롬웰^{Oliver Cromwell}은 "유대인들이 영국으로 돌아와 런던에서 자신들의 회당과 묘지를 소유할 수 있게 허락"했는데, 여기서 우리는 그들의 관용 또한 볼 수 있다.

무신론자들의 옹호적 발언

때로는 기독교계 밖에서 자기 자신에게 카운터펀치를 날리는 흥미로운 일이 일어나기도 한다. 2인조 마술단 펜과 텔러^{Penn and Teller}에서 해설을 담당하는 남성인 펜 질렛^{Penn Jillette}은 무신론자를 자처하는 사람이다.

몇 년 전에 질렛은 짧은 영상을 통해 공연이 끝난 뒤에 자기를 찾아온 한 남성 청중에 관한 이야기를 했다. 그 남성은 질렛의 공연에 찬사를 보내며 "이걸 드리고 싶어요."라고 말했다. 그가 꺼내 든 것은 신약성경과 시편이 함께 묶여 있는 작은 책에 간단한 메시지를 남긴 것이었다. 남성의 행동에 감동했던 질렛은 그때의 일을 다음과 같이 회상한다.

그는 친절하고 붙임성 있었으며, 정신도 멀쩡해보였다. 그런 그가 내 눈을 바라보며 말을 건넸고, 나에게 이 성경책을 주었다. 나는 전도하지 않는 사람을 존중하지 않는다고 항상 말한다. 난 그런 사람을 전혀 존중하지 않는다. 만약 당신이 천국과 지옥이 있다고 믿고 있으며, 사람들이 지옥에 가거나 영원한 생명을 얻지 못할 수도 있다고 생각해보자. 그런데도 당신이 사회적 관계가 어색해질까 봐 이 사실을 말해주려 하지 않는다면, 당신은 얼마나 사람을 증오하고 있다는 뜻인가? 도대체 사람을 어느 정도로 증오해야 영원한 생명이 가능하다고 믿으면서도 그것을 말해주지 않을 수 있단 말인가?

그리고 질렛은 다음과 같은 비유를 제시한다. "만약 나는 어떤 트럭이 당신을 향해 달려오고 있음을 조금도 의심하지 않고 믿는데, 당신은 그 트럭이 당신을 덮칠 것이라고 믿지 않는다면, 내가 당신을 밀쳐내야 할 순간이 있을 것이고, 이는 그 어떤 것보다 중요한 일이다." 그는 계속해서 이렇게 말한다. "이 사람은 정말 좋은 사람이었다. 그는 예의 바르고, 정직하며, 정신이 온전했다. 그런 그가 나를 전도하기 위해 성경책을 준 것은 그만큼 나를 생각하고 있었다는 뜻이다."

질렛은 여전히 무신론자다. 그리고 그 점을 분명히 하고자 다음과 같이 말했다.

> 나는 신이 없다는 것을 안다. 또한 예의 바른 사람 한 명이 자신의 삶을 올바로 산다고 해서 그 사실이 바뀌지 않는다는 것도 안다. 하지만 내가 말하고 싶은 점은 그는 정말, 정말, 정말 좋은 사람이었다는 것이다. 그런 좋은 사람이라면 나와 아무리 커다란 의견 차이를 보인다 해도 괜찮다. 나는 여전히 종교가 나쁜 일을 참 많이 한다고 생각하지만, 내게 그 책을 주었던 그 사람은 정말 좋은 사람이었다. 난 그 점을 말하고 싶었을 뿐이다.[14]

그 밖에도 기독교가 문화에 미친 영향에 대해 긍정적인 언급을 했던 무신론자들이 많이 있다. 매튜 패리스Mathew Parris는 「더 타임스」에 다음과 같은 내용을 기고했다. "아프리카에서 기독교의 복음화를 빼면 그 대륙은 나이키, 주술사, 휴대폰과 마체테의 해로운 소용돌이에 휩쓸리고 말 것이다."[15] 그는 보다 세속적인 관점에서 답변할 수도 있었겠지만 오히려 다음과 같이 결론 내린다. "교육과 훈련만으로는 그 일을 감당할 수 없다. 아프리카에서는 기독교를 통해 사람들의 마음이 변화된다. 영적인 변모를 일으키는 것이다. 거듭남이 실제화된다. 그러한 변화는 좋은 것이다."

또한 아얀 히르시 알리 Ayaan Hirsi Ali 라는 인물도 있다. 이 여성은 무슬림의 압제를 피해 소말리아를 탈출했고, 훗날 네덜란드의 국회의원이 되기도 했다. 그리고 이슬람 국가의 학대당하는 여성들을 소재로 한 영화의 제작을 도왔다가 또다시 무슬림의 압제를 피해 이번에는 유럽에서 도망쳐야만 했다. 무신론자였던 그녀는 이런 말을 했다. "만약 선택할 수 있다면 나는 무슬림 국가보다는 차라리 기독교 국가에서 사는 편을 택할 것이다. 오늘날 서방의 기독교는 보다 더 인도적이고, 보다 더 절제되어 있으며, 비판과 논쟁에 보다 더 열려 있다."16)

그뿐 아니라 미국의 칼럼니스트이자 TV 평론가인 컵 S. E. Cupp 은 신자들의 업적에 대해 다음과 같이 긍정적으로 평가했다.

> 나는 무신론자다. 지난 15년간 무신론자로 살아왔다. 따라서 이 책에 대한 나의 입장은 기독교를 옹호하는 것이지만, 그러한 생각이 그들의 논리 안에서 나오는 것이 아니라 오히려 그 논리 바깥에 있다. 나는 내가 기독교를 신봉하고 있어서 그 신앙을 지지하는 것이 아니다. 다만 나는 유대-기독교적 가치, 종교적 관용, 객관적 언론, 기독교의 선행, 그리고 예의와 품위 등 이 다섯 가지 주요한 가르침이 더 나은 민주주의를 만든다고 믿는다.17)

← 요점 정리

- 엔터테인먼트 산업이나 언론, 문학계나 학계 등에서 기독교인에 대해 잘못된 정보를 전하는 일이 흔히 있고, 특히 부정적으로 비치게 하는 일은 더 흔하다. 그로 인해 신자나 불신자 모두 똑같이 속을 수 있다.

- 이야기를 통해 왜곡된 인식이 자리 잡을 수 있는 것처럼 어휘의 선택도 마찬가지다. 언어에 의존하는 이들은 주의해야 한다.

- 문화상대주의자들은 기독교가 배타적 진리를 주장하는 것을 경멸한다. 따라서 그들은 그와 같은 '허튼소리'가 퍼져나가 문제를 일으키지 않도록 제한한다.

- 놀랍게 느껴질 수도 있지만, 비신자들도 교회를 괴롭히는 비방에 맞서 기독교인을 칭찬하는 일에 앞장설 수 있다.

"기독교가 그렇게 좋다면, 기독교인들은 왜 그렇게 나쁜가?"
If Christianity Is So Good, Why Are Christians So Bad?

7.

정말 그러한가? 도덕적 동등성의 오류

가장 진절머리 나는 논쟁의 형태 중 하나는 경쟁자들 사이에 존재하는 커다란 차이점을 망각한 채 개인적인 일화를 바탕으로 '도덕적 동등성'이라는 듣기에만 그럴듯할 뿐 실상은 어설프고 악의적인 논리를 펼치는 것이다. 그런 일이 종종 일어나는 것이 바로 고전적인 형태의 논증 오류인 '피장파장의 오류' *tu quoque* 이다. 이 방식의 문제점에는 다음과 같은 두 가지 측면이 있다.

1. 상대방이 나쁜 일을 했다는 사실이 당신도 나쁜 일을 해도 된다는 핑계가 되지는 않는다. 그러니 주제를 바꾸지 말라.

2. 양쪽 당사자의 나쁜 행위를 그 심각성이나 빈도의 측면에서, 혹은 그 두 가지를 동시에 비교한다는 것 자체가 불가능하다. 그러한 논리를 펴는 사람은 비장의 카드를 꺼내 든다고 생각하겠지만, 사실 그것은 소매 안에 가짜 카드를 숨겨둔 것일 뿐이다.

공정한 비교

물론 비교가 필요한 상황이 있다. 체스터튼G. K. Chesterton은 1907년 12월 14일자 「일러스트레이티드 런던 뉴스」에 다음의 글을 썼다.

특별한 악행에 대한 책임을 기독교 교회에 전가하려는 사람들을 보면, 그들은 이러한 악행이 세상(교회를 제외한 유일한 곳)에 훨씬 더 많다는 사실을 완전히 잊고 있는 것처럼 보인다. 교회가 참혹한 일을 저질렀던 것은 사실이다. 그러나 세상의 일은 훨씬 더 참혹하다. 교회가 음모를 꾀했던 것도 사실이다. 그러나 세상의 음모는 훨씬 더 간악하다. 교회가 미신에 빠졌던 것도 사실이다. 그러나 미신 그 자체만 놓고 보면 세상의 것과는 비교조차 할 수 없다.

놀랍게도 극단적인 강성 무신론자인 샘 해리스Sam Harris조차 계몽화된 문화 속에 그러한 수법이 존재한다는 것에 울분을 참지 못한다.

모든 종교가 똑같이 나쁜지에 관해 토론하던 중 '이슬람은 기독교보다 더 나쁜가?'라는 리처드 도킨스의 질문에 그는 이렇게 답했다.

내가 보기에는 우리가 이 주제에 대해 균형을 잡으려고 하면 우리 친구들의 지지를 얻기는 어려울 것 같다. 모든 종교에서 주장하는 바는 어떤 의미에서 다 동등하다고 말하는 것은 미디어의 전략이며, 또한 무신론의 존재론적 개입에 가깝다고 할 수 있다. 미디어에서는 무슬림에도 극단주의자들이 있고 우리에게도 극단주의자들이 있다고 한다. 중동에는 지하드[*] 조직원들이 있고 우리에게는 낙태 시술을 하는 의사를 살해하는 사람들이 있다는 것이다. 하지만 그것은 정직한 방정식이 아니다. 이슬람의 비호 아래 행해지는 폭력은 10년 동안 낙태주의자를 살해한 사람이 두 명이라는 사실과는 비교의 대상이 되지 않는다. 이것이 바로 내가 무신론의 행태를 긍정적으로 보지 않는 이유이다. 왜냐하면 어떤 질문에는 대다수의 종교인들이 우리의 견해에 찬성할 수도 있지만, 모든 순간 모든 방향으로 똑같이 비판을 쏟아내는 것처럼 보이려 할 때 우리는 난처한 상황에 맞닥뜨리게 되기 때문이다.

미국 내 대다수의 사람들이 이슬람의 순교 교리가 비판받아야 한다

---

* 성전(聖戰)으로도 번역되는 이 단어는 무력을 통해 이슬람의 신앙을 전파하라는 종교적 의무를 가리키는 말이다.

는 생각에 분명히 동의한다. 이는 사람의 영혼이 페트리접시* 안에 있다는 교리에 대해서도 마찬가지다. 미국인의 70%를 차지하는 대부분의 기독교인은 배아줄기세포 연구의 밝은 전망을 믿고 싶어 하지 않는다. 따라서 내 생각에는 세부적인 사항에 집중하면 우리가 수적으로 우세에 있는 것 같이 보이지만, 우리가 무신론의 성벽 위에 서서 그 모든 것이 다 가짜라고 외치면 우리는 이웃의 90%를 잃고 말 것이다.[1]

그와 같은 맥락에서 논점을 더욱 부각할 수 있는 예를 들어 설명해 보자. 만약 우리가 이슬람국가 IS의 만행에 대한 다큐멘터리를 만든다면 어떨까? 거기에는 죄수들을 불에 태우거나 동성애자들을 높은 곳에서 떨어뜨려 죽게 하는 것, 혹은 해변에서 기독교인들을 참수하는 내용을 담고 있다. 그러자 이를 본 이슬람 국가를 대표하는 박식한 인물 한 명이 와서는 "혹시 데니스 레이더Dennis Rader에 대해 들어 보셨습니까?"라고 되묻는다.

그는 지금 캔자스주 위치타에 있는 그리스도 루터 교회에 다년간 성실하게 출석했던 교인에 대해 이야기하고 있는 것이다. 심지어 그는 교회 협의회의 의장으로 봉사하기도 했다. 그러나 그가 유명해진 것은 17년 동안 10명의 사람을 죽이고, 'BTK'('Bind, Torture, Kill', '묶고,

---

* 유리나 플라스틱으로 만든 얇고 둥근 접시로, 주로 세균을 배양하는 데 사용된다.

고문하고, 죽인다)라는 별명으로 서명한 쪽지를 보내어 경찰을 조롱했던 일 때문이다. 그는 결국 체포되었고 재판에서 가석방 없는 175년 형을 받게 되었다. 이처럼 기독교인도 끔찍한 일을 저지르는 것은 마찬가지다.

이번에는 코네티컷주 워터베리 출신의 조지 메테스키^{George Metesky}의 경우를 생각해보자. 1940년 이 '미친 폭파범'은 컨솔리데이티드 에디슨 사의 건물, 뉴욕 공공 도서관, 그랜드 센트럴 역과 라디오 시티 뮤직 홀 등 뉴욕 내 곳곳에 폭발물을 설치했다. 그 역시 꾸준히 미사에 참석하는 가톨릭 신자였다.

또한 휴스턴에 살던 안드레아 예이츠^{Andrea Yates}라는 여성의 경우도 생각해보자. 그녀는 자신의 자녀들을 지옥에서 구해야 한다는 결심을 한 뒤 5명의 아이들(생후 6개월에서 일곱 살까지)을 욕조에 빠뜨려 질식사하게 했다. 그녀는 사탄이 아이들에게 영향을 미쳐서 정상적으로 성장하지 못하게 막고 있다고 확신했다. 그래서 그녀는 아이들이 죄를 범하지 않고 천국에 갈 수 있도록 자신의 아이들을 죽여야만 했던 것이다.

하지만 정말로 변칙적 혹은 희귀한 것과 보편적 혹은 규칙적인 것 사이에 차이가 있을까? 나는 9/11 테러 10주기를 맞아 한 편의 글을 써달라는 부탁을 받고, 지난 두 달간 일어났던 무슬림 테러리스트들의 공격에 관한 이야기를 읽었다. 그러던 중 영어 알파벳의 모든 글자마다 적어도 한 명의 테러리스트를 제시할 수 있다는 것을 발견했다. 예컨대 나이지리아의 아부자Abuja에서 시작해서 요르단의 자르카Zarqa에 이르는 그 중간에는 파키스탄의 퀘타Quetta와 중국의 싱지안Xingjian도 있었다.

이렇듯 루터교나 무슬림 모두 나쁜 일을 저지르지만, 그 발생 빈도는 하늘과 땅 차이다. 또한 루터교라는 단체는 그 구성원의 범죄 행위에 대해 부끄럽게 생각하지만, 이슬람국가는 그러한 만행들을 자랑스럽게 이야기한다.

물론 우리가 레이더나 메테스키는 진정한 루터교와 가톨릭의 신자가 아니라고 하는 것처럼, 이슬람국가의 조직원들도 그저 이름만 무슬림일 뿐이라고 주장하는 이들이 많다. 하지만 이를 입증하기란 쉽지 않다. 궁극적으로 다음과 같은 점에서 모하메드는 예수님과는 다르기 때문이다.

1) 그는 자신의 신앙적 관심을 넓히기 위해 칼을 들었다. 2) 그에게서 탄생한 종교와 그 '초기교회'(그의 사후 100년 이내)는 군사적 힘을 사용해서 아프리카를 지나 서쪽으로 3,200킬로미터 이상 나아가 유럽으로 올라갔고, 인도를 향해 동쪽으로 3,200킬로미터, 예멘을 향해 남쪽으로 800킬로미터, 그리고 카프카스 산맥을 향해 북쪽으로 1,600킬로미터 이상 영토를 점령해나갔다. 3) 그는 다음과 같이 폭력을 써서 대적을 정복하라는 내용을 경전(쿠란 9:5)에 기록했다. "금지된 달이 지나면 어디서든 우상 숭배자들을 찾아 살해하고, 그들을 옥에 가두거나 박해할 것이며, 모든 장소에서 숨어 그들을 기다리

라. 그러나 그들이 회개하고 기도를 드리며 자카트*를 내는 경우에는 그들을 위해 길을 열어주리니, 실로 알라는 관용과 자비로 충만하심이라."

물론 절대다수의 무슬림들은 이슬람국가나 기타 수많은 지하드 단체(보코 하람, 탈레반, 알 카에다, 알 샤바브, 헤즈불 무자헤딘, 헤즈볼라, 아부 사야프, 알 자마아 알 이슬라미야, 안사르 방글라, 다룰 이슬람, 라스카르 준둘라 등)에 속해 있지 않다. 하지만 그것은 논점에서 벗어나는 주장이다. 레이더는 그가 다니던 위치타 교회는 물론이고 소속 교단인 미국 복음주의 루터 교회 안에서도 경멸하는 아웃사이더였다. 하지만 ISIS 지도자인 아부 바크르 알바그다디Abu Bakr al-Baghdadi는 이라크와 시리아에 있는 자신의 '지역교회'나 예멘의 ISIS에 이르기까지 보다 넓은 차원의 '교단' 내에서 경멸의 대상이 아니었을 뿐더러, ISIS를 넘어선 광범위한 무슬림 팬층을 보유하고 있었다.

그러나 루터교 신자가 저질렀지만 파장을 일으키지 않은 살인 사건들은 어떤가? 또 같은 맥락에서 테러리스트가 아닌 무슬림이 저질렀으나 파장을 일으키지 않은 살인 사건들은 어떤가? 그런 것들도 함께 고려해야 할까? 대다수 무슬림 국가에서는 언론의 보도 관행이 어떤지 모르겠지만, 서방의 언론들은 신실한 교인들의 범죄를 좌시하지 않는다. 왜냐하면 기독교인의 신앙고백과 끔찍한 행위 사이

---

* 이슬람교의 다섯 가지 기둥 중 하나로 신도들이 의무적으로 내야 하는 세금과 같은 것이다.

의 극명한 대비는 아주 매력적인 기삿거리가 되기 때문이다. 기자들은 '개가 사람을 물었다'는 기사보다는 '사람이 개를 물었다'는 기사를 더 선호한다. 따라서 신문에서 살인을 저지르는 집사나 물건을 훔치는 수녀 등에 관한 기사를 보도하지 않고 무관심한 태도를 보인다는 것은 생각하기 어려운 일이다.

코네티컷 대학의 사회학자인 브래들리 라이트Bradley Wright는 자신의 책 『기독교인은 증오심으로 가득 찬 위선자들이고 … 기타 당신이 들었던 거짓말들』에서 이 드문 경우의 수를 아래와 같이 강조했다.

> 기본적으로, 기독교와 관계를 맺고 사는 사람들은 종교가 없는 사람들과 비교해봤을 때 결혼 생활에 충실하고, 범죄율이 낮으며, 타인과 정직하게 소통하고, 마약이나 알코올 같은 문제를 많이 일으키지 않는다. 그뿐만 아니라 기독교인들이 교회 출석 등 자신의 신앙에 충실할수록 그만큼 교회의 가르침이 그들의 삶에 더욱 큰 영향을 미치는 것으로 나타난다.[2]

공정하게 말하자면, 어떤 지역에서는 무슬림들이 기독교인보다 더욱 빛날 때도 있다. 크리스토퍼 히친스는 다음과 같이 말했다.

> 나는 유고슬라비아 전쟁과 전후 상황 속에서 보스니아의 무슬림들이 가톨릭이나 정교회의 기독교인들보다 훨씬 더 나은 행동을 하는 모

습을 직접 보았다. 그들은 종교적 학살의 가해자가 아닌 피해자였으며, 그 누구보다 다문화주의를 믿었던 사람들이었다. 그래서 그런 일이 일어날 수 있다. 심지어 자신을 무신론주의 무슬림이나 무슬림 무신론자라고 말하는 사람을 만날 수도 있었을 것이다.[3]

그러나 히친스가 "그런 일이 일어날 수 있다."라고 말한 것은 그것이 일반적인 일은 아니라는 뜻이다. 그렇다면 공정한 비교를 위해 누가 숫자를 세고 있을까? 대답은 간단하다. 그것은 우리 모두가 해야 할 일이다. 숫자는 중요한 현실을 보여주기 때문이다.

그리고 공산주의도 있다

하버드대학교 출판부에서 발행한 『공산주의 블랙북: 범죄, 테러, 탄압』[4]의 저자들은 마르크스-레닌주의의 광신자들이 전 세계에서 벌인 학살을 분류해놓고 있다.

총 사망자 수에는 1932년부터 1933년까지 인위적이고 계획적인 기근으로 말살한 4백만 명의 우크라이나인과 기타 2백만 명, 1975년부터 1978년까지 크메르 루주 Khmer Rouge 가 캄보디아 도심에서 강제 추방하여 몰살한 사람들과 백만 명의 처형된 사람들, 그 밖에 영양실조나 잔인한 감옥 생활 등으로 사망한 또 다른 백만여 명의 사람

7. 정말 그러한가? 도덕적 동등성의 오류 ——— 137

들, 마오쩌둥 치하에서 굶어 죽은 최소 3천만 명의 중국인들, 숙청과 강제수용소에서의 참사, 남한을 상대로 한 전쟁 등으로 죽은 3백만 명(당시 인구 2천 3백만 명 중)의 북한 사람들, 카스트로 체제 아래서 처형된 1만 5천 명 이상의 쿠바 사람들과 감옥에 갇힌 10만 명의 시민들, 마오쩌둥 사상을 따르는 페루의 '빛나는 길'이라는 테러리스트들이 살해한 2만 5천 명의 사람들까지 셀 수 없이 많은 희생자가 포함된다.

1933년 뉴욕타임스 기자이자 '볼셰비키'를 옹호하는 월터 듀런티Walter Duranty는 그것을 이렇게 표현했다. "달걀을 깨지 않고서는 오믈렛을 만들 수 없다." 맞는 말이다. 스탈린은 잔인한 방법으로 자신의 오믈렛을 만들었다.

예를 들어보자. 1921년 6월, 그는 러시아의 탐보프주를 '진압'하라는 지시를 내렸다. "이에 따라 지구 및 관구 정치 위원회는 무기를 숨겨두고 있는 마을에 형벌을 내릴 수 있는 권한과 그 무기의 소재가 드러나지 않으면 인질을 체포해 처형할 수 있는 권한을 부여받았다." 그리고 "무기가 발견된 곳에서는 그 가족의 장남을 즉시 처형할 수 있었다."5)

다시 한번 체스터튼의 말을 살펴보자. "교회가 참혹한 일을 저질렀던 것은 사실이다. 그러나 세상의 일은 훨씬 더 참혹하다." 이처럼 앞서 언급한 공산주의의 희생자 수를 지난 2천 년 이상 '기독교'가 지나온 길에서 발생한 사망자 수와 비교해보면 많은 것을 깨닫게 될 것이다. 십자군 운동(2백 년간 2백만 명)에서 유럽의 마녀재판(3세기에 걸쳐 약 5만 명)에 이르기까지 그 모든 수를 다 더해도 공산주의와의 차이는 참으로 현격하다.

열매를 세어 봄

한 10년 전 즈음 100여 명의 사람들이 유럽의 한 수양관에 모여 과거 이슬람 세력이 급격히 성장하던 시기에 유럽 대륙의 교회가 현저하게 쇠퇴한 것에 대해 이야기를 나눈 적이 있다. 당시 우리가 운영하는 카이로스 저널(kairosjournal.org)에서는 "위대한 유산의 수령인"[6)]이라는 제목의 소책자를 회의록에 제공했다. 그 안에는 유대-기독교 전통이 서방 문명에 어떤 기여를 했는지 되새겨주는 내용이 담겨 있었다.

예를 들어 병원과 대학의 설립, 근대 과학의 대두, 정부의 견제와 균형의 원리 확립, 여성의 지위와 아동의 노동에 관한 법, 그리고 건축의 융성 등이 있다.

비슷한 시기에 나는 「USA 투데이」에서 연말 세금 공제의 목적으로 기부금을 낼 수 있는 자선단체의 추천 목록을 보았다. 그래서 배경이 되는 내용을 찾아 읽어보았고, 대부분이 그리스도를 믿는 사람들이 설립한 단체라는 것을 알게 되었다. 예를 들어 적십자나 해비타트 운동, 그리고 스페셜 올림픽* 등과 같은 단체들이다. 그리고 나니 과거 비엔나에서 교회는 여러 가지 방면으로 우리의 문화를 번성케 하고 수호하는 역할을 해왔으며, 그것을 소외 혹은 폄하하거나 박해 한다면 그로 인한 상실에 충격과 비통함을 금치 못할 것이라고 제창 한 내용이 떠올랐다.

그러니 이제 경쟁 관계에 있는 여러 가지 세계관들이 어떤 비용을 지불했는지 비교해보자.

평가의 척도

평가의 척도는 매우 흥미롭다. 올림픽 다이빙 경기에서는 7명의 심판들이 플랫폼에서 도약하는 자세부터 수면에 입수하는 과정까지 평가하여 1점에서 10점까지 점수를 매긴다. 그다음에는 최고와 최저 점수를 제외한 나머지 점수를 합한 뒤 난이도 등급을 곱한다. 지진의 힘을 판단하는 리히터 규모는 시수 함수의 원리로 작동하여 숫자가 1만큼 커질 때마다 진폭이 열 배로 증가함을 나타낸다(진도 4.5 이상의 지진은 전 세계 어디에서도 감지할 수 있다). 또한 사피르-심슨 허리케인 풍력 등급은 1등급(초속 33-42미터)에서 5등급(초속 70미터 이상)까지 있다.

---

* 지적 장애가 있는 선수들을 위해 1968년 창설된 국제 스포츠 대회로 4년마다 열린다. 이와는 다르게 신체적 장애가 있는 선수들을 위한 대회는 패럴림픽(Paralympic)이라고 부른다.

물론 다이빙 심판들은 인간의 능력과 자연의 법칙을 염두에 두고 있기 때문에 선수들에게 플랫폼에서 15미터를 점프하라거나 입수 전에 공중에서 열 바퀴를 돌아야 10점을 받을 수 있다고 억지를 부리지는 않는다. 지진학자들 역시 400미터 정도 떨어져 있는 8층짜리 건물 안에서 일어난 폭발로 땅이 약간 흔들렸다고 해서 리히터 규모 4.5를 매기지는 않는다. 그리고 5등급 허리케인이 초속 220미터에서 시작하지는 않는다. 그렇게 하는 것은 너무도 작위적이고 터무니없는 일이다.

　이와 마찬가지로 우리도 어떤 형태의 종교 혹은 무종교가 좋거나 나쁘다고 판단하려면 그에 합당한 등급을 사용할 필요가 있다. 물론 다양한 변수와 가치 판단이 관련되어 있기 때문에 리히터 규모와 같이 정확한 등급을 매길 수는 없다. 그럼에도 넘쳐나는 통계와 여러 사례들을 종합하면, 과거에나 현재나 기독교의 영향력이 강한 문화를 선호한다는 것을 알 수 있다.

　이에 적절한 한 가지 지표를 살펴보자면 이민자의 흐름을 생각해 볼 수 있다. 어떤 나라가 자기 국민을 빠져나가지 못하도록 장벽과 울타리를 건설했는가? 그와는 반대로, 대규모 이민자의 유입에 대비해 국경을 보호하려 애를 쓰고, 또 입국 희망자의 긴 대기자 명단을 처리해야 하는 나라는 어디인가? 사람들이 극심한 빈곤과 억압, 무법과 부패, 그리고 끝나지 않는 전쟁을 피해 떠나려 하는 곳은 어디인가? 그리고 그들은 어느 땅에 그 발을 딛고자 하는가? 결국 그들을 끌어당기는 땅은 비록 과거와 현재에 아무런 죄가 없는 것은 아니지만, 그럼에도 역사적으로 기독교적 가치관이 충만했던 곳이다.

철학자 왕?

이민자들의 이동 패턴을 통해 사실상 기독교인들이 세운 사회가 더욱 명예로운 평판을 얻게 된다고는 해도(또한 그중에서도 나는 개신교의 형태가 로마 가톨릭의 형태보다 더욱 유익하다고 생각하는데, 이는 남미에서 미국으로 밀려드는 난민이 그 증거라고 할 수 있다), 우리의 시선이 아직도 너무 낮은 곳에만 머물러 있는 것은 아닐까?

만약 공산주의나 이슬람 문화가 아니라 아직 실현되지 않은 이상적인 사회와 비교한다면 어떨까? 사실 기독교인들은 세상의 훌륭한 '빛과 소금'이 된다고 주장하면서 왜 더 열등한 것에 만족하고 있는가? 혹시 '기독교 세계'를 이상향과 나란히 놓고 비교했을 때 여전히 부끄러움, 심지어 수치심을 느끼고 있는 것은 아닌가?

만약 그렇다면 그 이상향은 어떤 모습일까? 플라톤은 한 가지 모델을 제시한다. 『국가론』 제6권에서 그는 철학자들의 통치를 규정한다. 왜냐하면 이들은 명료한 사고를 발휘함으로써 어지러운 이 세상의 광기를 뛰어넘어 그들에게 더 나은 선택을 하게 해준 그 이상향으로 갈 수 있기 때문이라는 것이다. 제법 거창하게 들리지만 내 생각에는 나라의 열쇠를 철학자들에게 넘겨 행정과 치안, 군대 등을 그들의 손에 맡기는 순간 재앙이 닥치리라 본다. (나는 내일 미국철학학회 모임에서 윤리학 분야의 논문에 대한 논평을 맡기로 한 상황에서 이 글을 쓰고 있다. 이 학회의 프로그램을 살펴보니 굉장히 다양한 견해들이 등장하고 있는데, 그중 많은 수가 해롭다 못해 심지어 수 세기 전 폭군들에게 어울리는 것들까지 있다.)

그뿐 아니라 나는 '사회학자 왕', '심리학자 왕', '경제학자 왕', '역사학자 왕', '예술가 왕', 그리고 '문학 교수 왕'도 동일하다고 생각한다. (내가 이러한 우려를 제기하는 이유는, 본서가 제기하는 의문점과 같은 질문은 이발소나 노조 회관, 혹은 군부대보다도 학자들 세계에서 훨씬 더 흔히 들을 수 있기 때문이다.)

이런 종류의 의구심 때문에 윌리엄 버클리William Buckley는 다음과 같은 볼멘 선언을 하기도 했다. "나는 하버드대학 교수진의 통치를 받느니 차라리 보스턴시 전화번호부에 등재된 처음 2,000명의 통치를 받겠다."

마찬가지로 '성직자 왕'을 세우는 것 역시 결코 답이 되지 않는다. 왜냐하면 성경에서는 이 시대에 신정국가를 세우라 명하지 않으시기 때문이다. 오히려 성경 말씀은 가이사의 것은 가이사에게 바치라고 하심으로써 그러한 생각을 버리게 하신다.

그러므로 기독교인이 비기독교적 유토피아를 동경한다거나 어떤 중립적인 환상의 세계를 찾아 떠나야 한다는 생각은 내려놓자. 왜냐하면 우리는 이 세상에서 사람들과 함께 살아가고 있고, 기독교인은 천국의 이쪽 편에서는 완성될 수 없는 진행 중인 작품이기 때문이다.

┌ **요점 정리** ─────────────────

- 불완전한 세상에서 신자들의 집단을 평가하려면 비교를 해보는 것이 공정한 일이다. 흔치 않게 일어나는 일과 압도적인 숫자 사이에는 차이가 있다.

- 예를 들어, 기독교의 실적은 이슬람이나 공산주의의 것과 비교해보면 훨씬 양호하다.

- 숫자를 셀 때, 부정적인 것들에만 초점을 맞춰서는 안 된다. 긍정적인 것들을 세는 것도 중요하다.

- 기독교를 비판하고 폄훼하는 이들에게 어떤 이상적인 대안을 갖고 있는지 물어보는 것은 공정한 일이다. 그리고 그 대안이 실현이 가능한 것인지 따져 봐야 한다.

"기독교가 그렇게 좋다면, 기독교인들은 왜 그렇게 나쁜가?"
If Christianity Is So Good, Why Are Christians So Bad?

8.

기독교인의 항체: 경건 생활과 교회 생활

세상에서 사람들과 함께 어울리다 보면 언제나 악한 행동을 보게 된다. 그리고 그 점에 있어서는 기독교인도 예외가 아니다. 그러나 문제를 해결하는 방식에 있어서는 커다란 차이가 있다. 연합군은 제3제국을 전복시켰고, 인도에서는 기독교 선교사인 윌리엄 캐리 William Carey의 도움으로 과부를 불태우는 힌두교의 관습을 금지했다. 물론 그 후에 영국의 통치가 그러한 변화의 도구가 되었다.

영국의 사령관인 찰스 제임스 네이피어 Charles James Napier 경은 다음과 같은 말을 한 것으로 전해진다. "이렇게 과부를 불태우는 것은 여러분의 관습입니다. 그러니 장례를 치를 나뭇더미를 준비하십시오. 하지만 우리나라에도 관습이 있습니다. 남자들이 여자를 산 채로 불에 태우면 우리는 그 남자들을 나무에 매답니다. 그리고 그들의 재산을 전부 몰수합니다. 따라서 과부가 불에 탈 때 목수들은 교수대를 세워 관련된 사람을 전부 그 나무에 매답니다. 자, 이제 우리 모두 자기 나라의 관습대로 행동합시다."[1]

일반적으로 비기독교적 폭정은 외부의 힘을 통해 변화되는 것 외에는 달리 방법이 없다. 그들에게는 자신의 도덕적 질병을 해결할 수 있는 면역 체계가 없기 때문이다. 자가면역질환에서 잘 알 수 있듯이, 체내의 방어 시스템이 무너지면, 온몸이 대상포진이나 카포시 육종, 살모넬라, 폐렴과 결핵 등 온갖 종류의 '기회감염'의 먹잇감으로 전락하게 된다. 즉 "무언가를 지지하지 않으면 어떤 것에든 넘어갈 수 있다." 이러한 질병으로 인해 사람의 몸은 자칫 쉽게 무너져내릴 수 있는데, 그것을 막으려면 항레트로바이러스 요법이든 방사선 치료나 수술이든 외부의 힘이 필요하다.

하지만 기독교인에게는 감염을 막을 수 있도록 하나님께서 주신 항체들이 풍성하다. 예를 들어 성령님의 내주하심이나 기록된 하나님의 말씀, 동료 신자들의 조언 등이 있다. 우리는 영국의 윌리엄 윌버포스와 미국의 조나단 블랜차드Jonathan Blanchard가 자신의 조국에서 노예제도라는 재앙을 종식시키기 위한 피나는 노력을 기울였고, 그 결실을 보았던 것을 안다. 또한 우리는 1970년대 빌리 그레이엄이 교회 내의 부도덕한 재정 사용에 대응하기 위해 복음주의 교회재정 책임위원회의 설립을 주도했던 것을 보았다.

건강한 면역 체계를 가진 몸에서 나타나는 한 가지 특징은 백신에 대한 반응이다. 백신은 미약한 병원체를 주입하여 향후의 싸움을 대비한 항체를 만들어내도록 한다. 즉 다양한 질병에 맞서 싸우기 위해 우리가 이미 갖고 있는 자원을 활용해서 자신을 무장하는 것이다. 예를 들면 천연두나 소아마비, 장티푸스, 광견병, 그리고 홍역 등이 대표적이다. 이와 마찬가지로, 나는 기독교가 오랜 세월 몇몇 해로운 일들에 손을 대왔다는 것을 인정한다. 하지만 동시에 이러한 잘못된 모험은 해롭고 어리석은 짓에 저항하는 기독교 신앙을 더욱더 분명하고 강력하게 드러내는 역할을 했다고도 믿는다.

이제 '나쁜 기독교인들'이 자신의 병을 치료할 수 있었던 몇 가지 방법들을 살펴보자.

경건 생활의 재료

첫째, 이 정화 작업의 상당 부분은 '기도실'에서 이루어진다. 교회의 역사 안에는 신자들이 스스로를 돌아보게 하고, 가르치고 이끌어 정화되는 길로 나아가게 해주는 경건 생활의 재료가 무궁무진하다. 한 권의 변증서이기도 한 C. S. 루이스의 『순전한 기독교』에는 자신을 살펴볼 수 있게 해주는 한 가지 예가 나타난다. 다음의 내용은 '증오 테스트'라고 부를 수 있다.

오랫동안 저는 이런 구분이 너무 지나쳐서 우습기까지 하다고 생각했습니다. 어떻게 어떤 사람의 행위는 미워하면서 그 사람은 미워하지 않을 수 있다는 말입니까? 그러나 몇 년 후, 제가 평생 동안 그렇게 대해 온 사람이 하나 있다는 사실을 깨닫게 되었습니다. 그 사람은 바로 저 자신이었습니다. 저는 자신의 비겁함이나 자만심이나 탐욕은 그렇게 싫어하면서도 계속 자신을 사랑해 왔습니다…자신을 사랑했기 때문에, 자신이 그런 짓을 저지르는 종류의 인간밖에 안 된다는 것을 알게 되었을 때 그토록 안타까웠던 것입니다.

결과적으로 기독교는 잔인한 행동이나 배신 행위에 대한 미움을 티끌만큼이라도 줄이라고 말하는 것이 아닙니다. 우리는 마땅히 그런 일을 미워해야 하며, 그런 일에 대해 나쁘다고 했던 말을 단 한 마디도 철회할 필요가 없습니다. 그러나 기독교는 그런 일을 미워할 때, 자기 자신에게서 똑같은 것을 발견했을 때와 똑같은 방식으로 미워하라고 합니다. 즉 그 사람이 왜 그런 짓을 저질러야 했을까 안타까워하면서, 할 수만 있다면 언제 어디에서 어떤 식으로든 치유되어 그의 인간다움을 되찾기를 바라라는 것입니다.

과연 우리가 이렇게 할 수 있는지 시험해 볼 방법이 하나 있습니다. 신문에 아주 흉악한 범죄 기사가 났다고 합시다. 그런데 다음날, 전날의 보도 내용이 전부 사실은 아니라거나 그렇게까지 악한 범죄는 아니라는 식으로 내용이 바뀌었다고 합시다. 그때 '정말 잘 됐군. 그렇게까지 나쁜 사람들은 아니라니 다행이야'라는 생각이 먼저 듭니까, 아니면 김이 샌다는 생각이 들거나 더 나아가 그 범죄자들을 정말 악한으로 취급하는 더없는 즐거움을 빼앗기고 싶지 않은 나머지 전날 실린 기사를 더 믿으려 합니까? 만약 두 번째 경우라면 종국에는 마귀가 되는 길에 첫걸음을 내디딘 것이라고 감히 말할 수 있습니다. 여러분도 아시겠지만, 이것은 검은 것이 좀 더 검기를 바라는 마음입니다.

이런 마음이 우리를 지배하게 되면, 나중에는 회색도 검게 보고 싶어 할 뿐 아니라 급기야는 흰색까지 검게 보고 싶어 하게 됩니다. 그래서 결국에는 모든 것—하나님과 친구들과 우리 자신까지 포함해서—을 어떻게든지 악하게 보려고 고집하게 될 것이며, 그 짓을 영영 그만두지 못하게 될 것입니다. 순전한 증오의 세계에 영원히 갇혀 버리는 것이지요.[2)]

개인적 회개

요한복음 16장 8절에는 성령님께서 오셔서 "죄에 대하여, 의에 대하여, 심판에 대하여 세상을 책망하시리라"고 하신 예수님의 말씀이

기록되어 있다. 바로 그러한 일이 1692년 20명을 죽음으로 몰아넣은 세일럼 마녀재판의 재판관 8명 중 하나인 새뮤얼 시월Saumel Sewall 에게 일어났다.3) 사건이 있고 5년 후, 그는 보스턴 제삼교회에서 예배당 앞으로 나아가 윌라드Willard 목사가 자신의 고백을 읽는 것을 들으며 서 있었다. "그는 그 일로 인한 비난과 수치를 감당하고자 하며 … 하나님께서 … 그 죄를 사해주시길 바라며 기도합니다."

그 사이에도 그는 무거운 죄책감에 시달려 하나님께 기도했다. 특히 1696년에 자신의 아들이 마태복음 12장 7절의 "나는 자비를 원하고 제사를 원하지 아니하노라 하신 뜻을 너희가 알았더라면 무죄한 자를 정죄하지 아니하였으리라"고 하신 말씀을 암송할 때 가슴 깊이 찔림을 받았다. 그리하여 그는 옷 안에 굵은 베옷을 입고 여생을 보냈으며, 노예제도는 물론 여성과 인디언들에 대한 학대에 반대하는 글들을 썼다.

물론 고전적인 회개의 표현은 시편에서 찾아볼 수 있다. 영혼을 깨끗하게 하는 뉘우침이 필요한 때에 신자들은 계속해서 시편을 펼쳐 들었는데, 특히 시편 51편은 유독 가슴을 저리게 한다. 왜냐하면 나단 선지자가 다윗의 죄에 대해 가슴에 비수를 꽂는 책망을 했을 때, 다윗이 느끼는 고통을 보여주기 때문이다. 다윗의 죄는 밧세바와 간음하고 그녀의 남편이자 자신의 신복인 우리야를 죽게 한 것이었다. 그 시편의 일부를 살펴보자. 이는 수많은 기독교인들이 죄 많은 자신의 삶이 얼마나 비참한지 깨닫고 기도 가운데 읊었을 구절들이다.

¹하나님이여 주의 인자를 따라 내게 은혜를 베푸시며 … ³무릇 나는 내 죄과를 아오니 내 죄가 항상 내 앞에 있나이다 … ⁸내게 즐겁고 기쁜 소리를 들려 주시사 주께서 꺾으신 뼈들도 즐거워하게 하소서 ⁹주의 얼굴을 내 죄에서 돌이키시고 내 모든 죄악을 지워 주소서 ¹⁰하나님이여 내 속에 정한 마음을 창조하시고 내 안에 정직한 영을 새롭게 하소서 ¹¹나를 주 앞에서 쫓아내지 마시며 주의 성령을 내게서 거두지 마소서 ¹²주의 구원의 즐거움을 내게 회복시켜 주시고 자원하는 심령을 주사 나를 붙드소서 ¹³그리하면 내가 범죄자에게 주의 도를 가르치리니 죄인들이 주께 돌아오리이다 ¹⁴하나님이여 나의 구원의 하나님이여 피 흘린 죄에서 나를 건지소서 내 혀가 주의 의를 높이 노래하리이다 ¹⁵주여 내 입술을 열어 주소서 내 입이 주를 찬송하여 전파하리이다 ¹⁶주께서는 제사를 기뻐하지 아니하시나니 그렇지 아니하면 내가 드렸을 것이라 주는 번제를 기뻐하지 아니하시나이다 ¹⁷하나님께서 구하시는 제사는 상한 심령이라 하나님이여 상하고 통회하는 마음을 주께서 멸시하지 아니하시리이다

개인적 단련

리처드 포스터 Richard Foster 나 달라스 윌라드 Dallas Willard, 혹은 도널드 휘트니 Donald Whitney 등 많은 이들이 영적인 단련을 수행하는 것에

관해 책을 썼다. 예를 들어, 휘트니는 자신의 책에서 금식이나 침묵과 고독(영적인 목적을 위해 자발적으로 홀로 거하는 상태)을 권한다. 이 두 가지를 비교하며 그는 다음과 같이 말한다.

> 오랫동안 금식을 하면 당신이 일상적으로 먹는 음식의 상당 부분은 사실 불필요한 것임을 깨닫게 된다. 침묵과 고독을 훈련하면 하고 싶은 말의 상당 부분은 불필요한 말이라는 것도 알게 된다. 침묵 속에서 우리는 평소 같았으면 말을 내뱉으려고 했을, 그것도 너무 많이 내뱉었을 상황에서 하나님의 통제하심에 더욱 의존하는 법을 배운다. 예전에는 우리가 한마디 하는 것이 꼭 필요하다고 생각했을 법한 상황도 사실은 그분께서 조절하실 수 있음을 발견하는 것이다. 또한 침묵과 고독의 훈련을 통해 더욱 세밀한 관찰과 경청의 기술을 습득함으로써 말을 할 때도 보다 더 명쾌하고 깊은 의미의 단어를 사용할 수 있게 된다.4)

책 전반에서 그는 성경의 가르침을 근거로 삼고 있다. (예컨대, 예수님께서 광야에서 시험받으실 때 친히 금식과 고독의 상태에 처하셨다.) 그리고 데이비드 브레이너드David Brainerd와 스코틀랜드 올림픽 육상 선수인 앨런 웰스Allan Wells 같은 역사적 인물이나 기타 문학작품 속 인물들, 예를 들어 안톤 체호프Anton Chekhov의 단편 『내기』에 등장하는 젊은 법조인 같은 인물을 인용하기도 한다. 그는 이 모든 내용을 잘 엮어서 우리에게

"성령 충만한 경건을 이루기 위해 … 하나님께서 주신 방편들"을 사용하라는 메시지를 전하고 있다.

성경 암송은 그러한 단련 방법 중의 하나이다. 그것은 우리를 영적, 도덕적 궤도에서 벗어나지 않도록 도와주며, 그로써 사회적 경멸의 대상이 되지 않게 해준다. 그뿐 아니라 우리는 성경 암송을 통해 문화의 어리석음을 좇지 않을 수 있으며, 성숙하지 않은 생각과 감각의 유행을 멀리할 수도 있다.

그와 관련해 얼마 전에 겪은 이야기를 하나 해보려고 한다. 기독교 배경에 있지 않은 한 사립대학교에서 철학 세미나를 개최했고, 나는 그 세미나에 참석 중이었다. 그날의 주제는 '지적 겸손'과 '불의한 증언'을 다루는 방식에 관한 것이었다. 발표자는 "리플리"라는 영화의 대사 하나를 가져왔다. 거기서 한 부호의 아들이 실종되는 사건이 있었고, 아들의 여자친구는 주인공인 리플리가 의심스럽다고 말했다. 이에 그 부호는 이렇게 대답했다. "여성의 직감과 사실은 별개란다."

그러고 나서 발표자는 그 여성이 어떻게 그의 무관심하고 성차별적인 발언에 상처를 받았는지 간략하게 설명했다. 실로 그 여성은 불의의 희생양이 되었다. 자신의 인종과 계층, 성적 지향성 등의 이유로 자신과 타인을 편가르기 하는 구조적 문제를 보여주는 또 하나의 사례가 된 것이다.

그렇다. 여기에는 분명히 가치의 문제가 들어 있다. 하지만 나는 누군가 자신을 무시하는 말을 했다고 판단한 여성이 '핵전쟁'을 준비하는 모습에 기분이 좋지 않았다. 나는 이것이 분노라는 벽에 쌓아 올린 또 하나의 벽돌로 보였다. 다르게 표현하자면 '미세 공격'에 걸핏하면 화들짝 놀라 반응하는 '사회 정의를 위한 용사'의 기질이다. (이것은 마치 내가 중동에서 보았던 '명예'에 대한 집착과 어느 정도 유사해보인다. 그곳의 감옥은 보호 구금을 당한 젊은 여성들로 넘쳐난다. 그들은 가족의 종교적 감수성에 무관심하거나 거기에 저항했다는 이유로 '불명예'를 안은 친척들로부터 안전하게 보호받고 있는 것이다.) 그래서 나는 그 세미나 자리에서 손을 들고 일흔을 바라보는 사람으로서 내 상황에 관해 이야기를 꺼냈다.

나는 발표자에게 이런 상상을 한번 해보라고 요청했다. 내가 야구 경기를 보러 가는 젊은 세대 청년들에게 우산을 챙겨가는 게 어떻겠냐고 조언을 하는 것이다. 그러자 그들은 잠깐 생각하는 듯하다 이내 잘난체하는 웃음을 짓더니 나에게 '고맙습니다. 알아서 할게요.'라고 한다(그것은 쓸데없이 걱정만 많은 늙은이의 조언을 무시한다는 뜻이다). 나는 이런 일이 일어난다고 하더라도 내가 상처를 받거나 부당한 취급을 받는 것은 아니라고 말했다. 만약 비가 와서 그들이 홀딱 젖으면 그건 그들의 문제지 내 문제가 아니다. 모든 사람이 내 말을 법처럼 받아들일 필요도 없고, 또 내가 무슨 현인이라도 되는 양 생각할 필요도 없는 것이다.

그러자 머릿속에 성경 구절들이 떠올랐다. 그중에 한 대여섯 개만 언급해보고자 한다. 이 성경 구절들은 지난 수십 년간 내가 의도적으로 혹은 우연히 외워두었던 것이다. 이를 통해 해당 논문에 대한 나의 견해를 수월하게 정리할 수 있었다.

- '화내지 말고 되갚아 주라'는 격언 대신 마태복음 5장 38-40절 말씀에 귀 기울여보자. "또 눈은 눈으로, 이는 이로 갚으라 하였다는 것을 너희가 들었으나 나는 너희에게 이르노니 악한 자를 대적하지 말라 누구든지 네 오른편 뺨을 치거든 왼편도 돌려 대며 또 너를 고발하여 속옷을 가지고자 하는 자에게 겉옷까지도 가지게 하며."
- 당신은 기꺼이 "너희를 저주하는 자를 위하여 축복하며 너희를 모욕하는 자를 위하여 기도"(눅 6:28)할 수 있어야 한다.
- 자존심을 세우려고(혹은 그것이 낮아서) 집착하기보다는 고린도전서 1장 26-27절 말씀을 떠올려야 한다. "형제들아 너희를 부르심을 보라 육체를 따라 지혜로운 자가 많지 아니하며 능한 자가 많지 아니하며 문벌 좋은 자가 많지 아니하도다 그러나 하나님께서 세상의 미련한 것들을 택하사 지혜 있는 자들을 부끄럽게 하려 하시고 세상의 약한 것들을 택하사 강한 것들을 부끄럽게 하려 하시며." 진실로 우리는 "비방을 받은즉 권면하니 우리가 지금까지 세상의 더러운 것과 만물의 찌꺼기 같이 되었도다"(고전 4:13).
- 예수님의 예를 생각해보라. "너희 안에 이 마음을 품으라 곧 그리스도 예수의 마음이니 그는 근본 하나님의 본체시나 하나님과 동등됨을 취할 것으로 여기지 아니하시고 오히려 자기를 비

워 종의 형체를 가지사 사람들과 같이 되셨고"(빌 2:5-7).

- 그리고 약간의 자기비판은 도움이 되기도 한다. "어찌하여 형제의 눈 속에 있는 티는 보고 네 눈 속에 있는 들보는 깨닫지 못하느냐"(마 7:3).

서로 돌아보는 모임

미드웨스트신학교에서 봉사하던 시기에 나는 어떤 지역교회 local-church 목사님과 함께 모임에 참여해달라는 초청을 받았다. 그 목사님은 한 병원의 관리직과 다른 파라처치 para-church 의 책임자 역할도 맡고 있던 분이었고, 그 모임은 일주일에 한 번씩 아침 식사를 하며 만남을 가졌다. 그곳에서 나눈 교제는 나에게 큰 힘이 되었다. 하지만 우리가 지갑 속에 넣어온 조그마한 10문 10답 카드를 꺼내 놓고 본격적인 이야기를 시작하면서부터 거룩한 불편함이 스며들기 시작했다. 우리는 지난 한 주간 우리의 재정 생활과 우리 눈에 대한 청지기 직무,* 그리고 화를 냈던 일들에 관해 돌아가며 한 번에 하나씩 질문에 답하는 시간을 가졌다. 그리고 혹시 답변을 꾸며댔을 경우를 대비해, 마지막 질문은 앞선 답변들 중에 거짓말을 한 것은 없는지 물어

---

* 악하고 음란한 것을 보거나 읽지 않는 등 육체의 눈을 죄의 병기로 사용하지 않고 의의 병기로 사용하는 청지기 직무를 의미한 것으로 보인다.

보는 것이었다. (물론 누군가 1~9번 질문에 거짓말을 했다면 10번 질문에도 계속해서 거짓말을 할 가능성이 충분히 있었을 것이다.)

물론 가장 높으신 질문자인 주님께서는 일주일에 한 번 아침 식사 때만 우리를 만나시는 것은 아니다. 그분은 언제나 우리와 함께하신다. 하지만 나는 그분께서 우리의 기도 생활을 새롭게 하시기 위해 이 작은 모임을 사용하셨다고 확신한다. 우리는 너나 할 것 없이 모두 넘어질 때가 있고, 또 가끔씩은 불완전하고 심지어 개탄스러운 모습을 보일 때도 있다. 여기서 중요한 점은 이러한 주중 모임을 통해 우리가 완전한 성화에 이를 수 있는가 하는 것이 아니라, 우리 자신을 정직하고 깨끗하게 지키려는 노력이 없다면 우리의 모습이 어떻게 되겠는가 하는 것이다.

주일 예배

"하나님의 뜻을 다" 전하면(행 20:27) 다음과 같은 고백이 따라온다. "하나님의 말씀은 살아 있고 활력이 있어 좌우에 날선 어떤 검보다도 예리하여 혼과 영과 및 관절과 골수를 찔러 쪼개기까지 하며 또 마음의 생각과 뜻을 판단하나니"(히 4:12).

노스캐롤라이나주 샬럿의 제일감리교 목사였던 클로비스 채펄 Clovis Chappell 은 1949년 은퇴 당시 신실하게 강단을 지켰던 인물로 잘 알려져 있었다. 한 가지 예로, 그는 **설교** 중에 기독교인들이 용서하지 못하는 것, 또 그로 인해 작위와 부작위의 죄를 범하게 되어 그것 때문에 고통 받는 문제를 꺼내 들었다. 그는 빌립보서 3장 13-14절의 말씀을 전했다. "…뒤에 있는 것은 잊어버리고 앞에 있는 것을 잡으려고 푯대를 향하여 그리스도 예수 안에서 하나님이 위에서 부르신 부름의 상을 위하여 달려가노라." 이러한 말씀의 바탕 위에서 여러 가지 적용을 하는 가운데, 그는 우리가 특별히 친절한 행동과 감사의 순간들을 잊지 말아야 함을 언급했다. 아울러 다음과 같이 우리가 내다 버려야만 하는 것들에 대해서도 이야기했다.

살면서 혹시나 누군가 여러분을 무시하거나 모욕하거든 그런 것들은 다 내다 버리십시오. 여러분이 원하신다면 옛날 동전이나 희귀 우표 같은 것들은 모아도 괜찮지만, 원한은 쌓아두지 마십시오. 저는 한때 익명의 편지를 많이 받았습니다. 어떤 편지들은 꿀처럼 달았습니다. 제게서 도움을 받았다고 느낀 소심한 영혼들이 살며시 제 어깨를 토닥여준 것이지요. 그런데 대부분의 편지는 그와는 정반대였습니다. 그중에 가장 씁쓸했던 것은 아마 제가 멤피스에 있는 제일교회의 목사로 봉사하던 중에 받은 편지였던 것 같은데, 정말 공포 그 자체였습니다. 그 편지를 읽으면서 정말 궁금했던 것은 어떻게 이런 내용을 쓰면서 종이에 불이 붙지 않고 우체국까지 갔을까 하는 점이었습니다. 분명 석면 위에다 썼던 모양입니다. 볼 것도 없이 저는 그 독기

가득한 편지를 읽자마자 은행에 가서 제 개인금고에 그것을 넣어버렸습니다. 그렇게 한 이유는 매일 아침 그것을 읽고 항상 화가 난 상태로 지내기 위해서였습니다. 그러면 여러분은 '누가 그렇게 어리석은 짓을 하겠어요?'라고 물으시겠죠. 하지만 실제로 수백만 명의 사람들이 그렇게 하고 있습니다. 보는 즉시 고통과 적개심에 빠지게 될 것들을 잘 정리해서 보관하고 있는 것이지요.[5]

사람들이 교회 안에 부흥이 일어나는 것을 생각하면 '전도 집회의 인파'를 떠올리곤 하지만, 하나님께서는 다양한 도구를 사용하셔서 그분의 백성을 새롭게 하신다. 1742년 8월, 3만 명의 스코틀랜드 사람들이 위대한 설교자 조지 휫필드George Whitefield의 설교를 듣기 위해 야외 원형 광장에 모여들었다.

그들은 지난 몇 개월간 매일 같이 모여 기도하며 제1차 대각성 때 일어난 하나님의 역사를 듣기 위해 그를 이곳에 초청했다. 이례적으로 집회 중간에 **성찬식**이 행해졌고, 참석자 중 10퍼센트 정도인 약 3,000명이 떡과 포도주를 받았다. 그리고 예식을 지켜보는 나머지 사람들을 위해 여분의 천막을 더 세웠다.

교회로 모인 사람들은 **기도문**을 교독하고 또 그것으로 함께 기도함으로써 영혼의 질서를 바로잡는 날카롭고 확신에 찬 고백을 한다. 이러한 목적을 위해 쓰인 것 중에 가장 고전적인 것은 『성공회 기도서』에 있는 고백 기도이다.

전능하시고 지극히 자비로우신 아버지시여, 저희는 죄를 범하였고, 그리하여 잃어버린 양과 같이 아버지의 길에서 떠났나이다. 저희는 저희 마음의 생각과 욕망을 좇았나이다. 저희는 아버지의 거룩한 법을 어겼나이다. 저희가 해야 할 일은 하지 않았고, 반대로 하지 말아야 할 일은 하였나이다. 또한 저희 안에는 강건함이 없나이다. 그러하오나 주님, 이 미천한 죄인들에게 자비를 베푸시옵소서. 하나님이시여, 자신의 과오를 고백하는 이들을 용서하여 주시옵소서. 죄를 회개하는 이들을 회복시켜 주시옵소서. 우리 주 그리스도 예수 안에서 온 인류에게 그것을 약속하셨나이다. 지극히 자비로우신 아버지시여, 이제 저희가 그분으로 인하여 경건하고 의로우며 절제하는 삶을 살게 하여 주시옵소서. 모든 영광이 아버지의 거룩하신 이름에 있나이다. 아멘.

기독교인들은 예배의 자리에 모여 **찬송을** 부름으로써 그들의 감사와 찬양, 고백과 열망, 그리고 다짐을 표현한다. 고전 중의 고전이라 할 수 있는 것이 바로 존 뉴턴의 "나 같은 죄인 살리신"이라고 할 수 있다.

이 찬송은 과거 영국의 노예무역에 깊이 관여했던 한 사람이 극적으로 회심한 후 자신의 증언을 담은 곡이다. 당연히 우리는 노예를 사고팔았거나 혹은 살인이나 도둑질이나 간음한 적이 없겠지만, 이 찬송을 따라 부르면서 그의 마음속 고백을 함께 느낄 수 있다.

나 같은 죄인 살리신

주 은혜 놀라워

잃었던 생명 찾았고

광명을 얻었네

자신을 스스로 "죄인"이라고 인정하고 싶지 않았던 사람들은 "나 같은 죄인 살리신"이라는 가사 대신 '내게 구원과 자유 주신', '나 같은 영혼 살리신', 혹은 '내게 구원과 힘 주신' 등으로 바꿀 것을 제안하기도 했다. 그러나 우리가 어떤 사람인지 바로 알고 또 그것을 인정하는 이들이라면, 마음속에 확신을 품고 원래의 가사를 그대로 부를 것이다.

물론 "나 같은 죄인 살리신"에는 윤리적인 주제가 구체적으로 나타나지는 않는다. 다만 죄와 그 죗값을 치르는 비통함을 포괄적으로 표현하고 있을 뿐이다. 하지만 진심으로 이 찬송을 부르는 사람이라면 자신의 마음속 빈칸을 채울 수 있을 것이다(예컨대, '나 같은 증오심 많은 자/ 욕정에 불타는 자/ 탐욕적인 자/ 용서치 않는 자/ 게으른 자/ 거짓말하는 자/ 험담하는 자/ 등에 칼 꽂는 자/ 비겁한 자 살리신'). 그러고 나면 비로소 그 찬송이 담고 있는 수치와 회한을 느끼게 됨으로써 예수님께서 십자가에서 이루신 속죄와 자신의 삶을 거듭나게 하시는 성령님의 능력에 감사하며, 다시금 그 찬송을 부르게 되는 것이다.

자신의 죄악 된 생각과 행동에 대해 기독교인으로서 슬픔과 후회를 표현하는 또 다른 찬송은 "복의 근원 강림하사"이다.

우리 맘은 연약하며
범죄하기 쉬우니
하나님이 받으시고
천국 인을 치소서

비교를 위해 구소련의 첫 번째 애국가였던 "인터내셔널가"The International의 가사를 살펴보자.

어떠한 높으신 양반 고귀한 이념도
허공에 매인 십자가도 우릴 구원 못하네
우리 것을 되찾는 것은 강철 같은 우리 손
노예의 쇠사슬을 끊어내고 해방으로 나가자

만약 이처럼 경건하지 못한 저항이 도덕적으로 본래의 궤도를 벗어난다면 어떻게 될까? 더 이상 용서를 촉구하는 설교자는 물론이요 죄인에 대한 언급도 없을 것이며, 오직 자신들을 학대한 자들에 대해서만 이야기할 것이다. 이런 이들에게는 도덕적 항체가 소용없는 것이다.

성약

교회는 종종 성약covenants을 작성하는데, 이는 교회 구성원들이 서로를 묶는 행위 원칙 같은 것이다. 때에 따라서는 느헤미야 10장에서 그 영감을 얻기도 한다. 하나님의 길을 떠났던 대가로 바벨론에 포로로 끌려갔던 이스라엘 사람들이 훗날 예루살렘으로 돌아왔을 때, 그들은 성경의 말씀을 새롭게 낭독하고, 초막절 준수를 다시 시작했으며, 온 나라가 다 함께 죄를 고백했다. 그런 뒤에 수많은 백성의 지도자들이 안식일 준수와 성전 제사 등을 포함하는 견고한 언약을 세우고 거기에 서명했다.

기독교인들은 이제 한 주의 일곱째 날이 아닌 첫째 날을 예배의 날로 지키고, 그리스도께서 단번에 드리신 영원한 제사로 인해 더 이상 성전 제사를 드리지 않아도 된다. 하지만 신자들은 여전히 공동 예배와 언약에서 정한 예식을 중요하게 생각한다. 예를 들어 18세기 웨일스의 칼리언에 있던 침례교회 교인들은 "사도들의 순수한 전통을 따라 복음의 규례들[성찬과 세례]을 유지하고 시행하기 위해 노력"하겠다고 말했다. 그리고 동세기에 조지아주의 카이오키 침례교회에서는 교인들이 "할 수 있는 한 최선의 힘을 다해 매 주일 하나님을 공적으로 예배하는 모든 자리에 참석하겠다."라고 약속했다.

이러한 성약은 또한 교회 밖을 향하기도 한다. 영국의 홀스 페어, 스토니 스트라트포드, 버킹엄셔에 있는 침례교회 교인들은 1790년에 세운 서약을 지키기로 맹세했다. 이 맹세에는 다음과 같은 내용이 담겨 있다. "복음에 합당한 길을 걸으며, 그 복음이 없는 이들 앞에서 선한 행실을 함으로써 그것을 부인하는 이들의 무지함을 잠재우도록 하겠습니다. 물건을 거래할 때는 가장 정직하게, 그리고 약속을 이행할 때는 신실함으로 하겠습니다."[6)]

교리문답

가톨릭에서 메노파 교도에 이르기까지 기독교의 모든 교단에서는 교리문답을 사용하고 있고, 그중에서도 가장 유명한 것은 아마 두 개의 웨스트민스터 교리문답일 것이다. 특히 흥미로운 것 중 하나는 아도니람 저드슨Adoniram Judson과 그의 아내가 미얀마에서 초기 선교사로 봉사하던 때에 아내인 앤 저드슨Ann Judson이 쓴 교리문답이다.

거기에는 기본적인 교리들(예컨대, '문. 하나님은 어디에 계십니까? 답. 하나님은 어디에나 계시며, 또한 하늘에 있는 그분의 거룩한 도성에 살고 계십니다.')이 담겨 있고, 또한 대다수의 교리문답과 마찬가지로 십계명에 관한 내용도 포함되어 있다. 그뿐 아니라 다음과 같이 준수해야 할 성경적 의무사항들이 열거되어 있기도 하다. "게으르지 말라. 무슨 일을 하든 열심히 하라." "나에게 해를 끼치는 이에게 보복하지 말라. 그 대신 전심으로 그들을 사랑하라." "가난한 이들을 너그럽게 대하라."[7)]

성회

20세기가 저물어가던 무렵, 여러 교회와 교단들이 성경에 나타나는 성회solemn assembly*를 새롭게 주목하기 시작했다. 요엘 2장 15-17절에서 이 성회를 모으라는 선지자 요엘의 목소리를 들을 수 있다. "너희는 시온에서 나팔을 불어 거룩한 금식일을 정하고 성회를 소집하라 백성을 모아 그 모임을 거룩하게 하고 … 여호와를 섬기는 제사장들은 … 울며 이르기를 여호와여 주의 백성을 불쌍히 여기소서 … 할지어다."

남침례회에 소속된 여러 단체에서 기도의 사역을 이끌어가던 지도자들은 요엘은 물론이요 르호보암, 아사, 여호사밧, 히스기야, 요시야, 에스라와 느헤미야 등을 인용하며 교회 안에 이와 같은 회중 모임을 요청했다. 이들은 이 집회의 진행 순서를 제안하기도 했는데, 그중에는 다음과 같은 구체적인 내용도 담겨 있었다.

"마음속에 우상을 품고 있는 사람들은 일어나서 죄를 고백하도록 권고한다. 그다음에는 지도자들에게 일어난 사람들의 죄 씻음과 용서, 그리고 회복을 위해 기도해달라고 요청한다." 그들은 또한 영적인 건강을 빼앗아가는 죄에는 어떤 것들이 있는지 다음과 같은 예들

---

* 영어의 이 표현은 구약성경에만 나타나며, KJV 영어 성경과 개역개정 한글 성경을 기준으로 했을 때 "거룩한 대회"(레 23:36), "장엄한 대회"(민 29:35), "절기"(습 3:18) 등으로 번역되기도 했으나, 가장 많은 경우 "성회"(신 16:8; 대하 7:9; 느 8:18; 욜 1:14, 2:15; 암 5:21)로 번역되었으므로 본서에서는 이 표현을 사용한다.

을 제시했다. "채무를 갚지 않는 것", "편견과 차별을 행하는 것", "지역사회에서 하나님의 이름을 더럽히는 것", "다른 교인이나 가족 혹은 부부의 필요를 돌아보지 않는 것", "도심 지역 사람들의 문제를 도우려 하기보다는 도심을 떠나 교외로 나가는 것" 등이다.

이 모든 것의 핵심은 세상과 교회가 지극히 악해짐으로써 간절한 기도와 영적인 자기성찰이 너무도 필요한 때가 되었다는 사실이다. 조나단 에드워즈Jonathan Edwards는 이러한 의미를 담아 『기독교의 부흥과 이 땅에 그리스도의 왕국이 확장해나가는 것을 위한 특별한 기도를 통해 하나님의 백성 가운데 명시적인 일치와 가시적 연합을 증진해나가기 위한 겸손한 시도』라는 제목의 저서를 남겼다.

그러나 그가 외쳤던 것은 칼리프*의 지위나 소비에트 연방, 혹은 그런 종류의 전체주의적 체제를 세우려는 것이 아니었다. 그는 오직 예수님을 따르는 이들의 삶 속에 성령님의 다스림을 굳건히 하고자 했을 뿐이다.

에드워즈는 한마음으로 기도할 것을 촉구하면서 "복음의 사역이 얼마나 멸시당하고 있단 말인가!"라며 비통한 마음을 드러냈다. 그리고 이렇게 덧붙였다. "예술과 과학 분야에 놀라운 발견이 있었고, 인간의 지식이 지금 시대와 같이 이토록 크게 성장한 적이 없었다. 반면에 참된 신앙을 고백하는 나라 안에서 신앙과 선행의 동기가 이

---

* 아랍어로 '상속자' 혹은 '후계자'라는 의미이며, 무함마드 이후 종교와 정치의 권력을 함께 갖는 이슬람 공동체나 국가의 최고 지도자를 일컫는 표현이다.

처럼 메말라버린 때는 없었다."[8] 에드워즈가 의도했던 것은 교회를 거부하는 이들을 핍박하는 것이 아니며, 오히려 그들과 함께 슬픈 마음으로 교회에 닥친 현실을 인정하는 것이었다.

이러한 성회의 자리에 여러 차례 참여해본 결과, 나는 그런 모임들이 고통스럽지만 또한 정화의 기능을 하고 있음을 증언할 수 있다. 한 예로, 당시 한 신학교의 교수로 재직하고 있던 나는 내 차례가 되었을 때 마이크를 잡고 주님께서 마음에 주신 감동을 따라 나의 부족함을 고백하게 되었다.

또 다른 경우를 살펴보자. 어느 날 내가 한 전도자를 초대하여 그분과의 특별한 만남을 준비하던 중, 교인들 중에 화해해야 할 사람이 있다면 누가 됐든 직접 찾아가 화해를 시도하겠다고 제안했다. 나를 비판하고 반대하는 사람을 직접 찾아가 용서를 구하는 것은 유쾌한 일이 아니다. 뿐만 아니라 상대방의 사과 여부는 결국 주님과 상대방에게 맡겨야 한다. 그러나 이 일은 우리 모두의 마음이 활짝 열리는 계기가 되었고, 그 결과 교회 안에 역사적인 쇄신이 일어난 한 주간이 되었다.

교회 권징

조나단 리먼Jonathan Leeman은 자신의 책 『교회의 권징』[9]에서 권징

(또한 '교정,' '형성'이라고도 불리는)을 행하는 것은 예수님(마 18:15-20)과 사도 바울(고전 5:4-5)의 가르침에 바탕을 두고 있다고 말한다. 권징을 하는 이유는 사랑에서 우러나오는 것이며, 회개가 필요한 개인을 위한 것이자 교회 안팎에서 그것을 바라보는 사람들을 위한 것이기도 하다. 그리하여 기독교의 신앙과 기독교인의 삶에 대한 참된 본질을 오해하지 않도록 하려는 것이다.

그리고 그 목적은 제거하는 것이 아니라 회복하는 것이다. 해당 교인을 교회에서 쫓아냄으로써 그 사람이 구원을 잃어버리도록 하는 '출교'의 행위도 아니다. 그뿐 아니라 권징은 냉담하고 오만한 태도를 보이거나 될 대로 되라는 식으로 해서도 안 된다.

오히려 목회적으로 잠잠히 진행하되, 죄인이 회개하지 않거나(죄인이 '죄를 그만두려 하지 않거나 죄와 싸우려 하지 않을 때'), 공개적인 죄를 범했거나('사람들이 보거나 들었을 때'), 아니면 그 죄가 지극히 심각할 경우(교회가 '더 이상 그 사람의 신앙고백을 인정하기 어렵다고 느낄 때')에만 온 회중이 관여하는 방향으로 나가야 한다.

이와 같은 권징의 자애로운 정신은 17세기 제세례파의 『도르트레흐트 신앙고백서』*Dordrecht Confession* (제17조)에도 나타나 있다. 거기에 보면 교회에서 제명된 교인들과 관계를 '멀리하는' 문제에 대해 다음과 같이 진술하고 있다.

멀리하는 일은 죄인을 책망하는 것처럼 해야 한다. 그렇게 멀리하고 책망함으로 인해 그 사람이 멸망으로 내몰리지 않고 오히려 죄를 돌이킬 수 있도록 절제와 기독교적인 분별이 필요하다. 그가 궁핍하거나 굶주리거나 갈급하거나 병에 들었거나 혹은 다른 고통을 당할 때, 우리는 그리스도와 그분의 사도들이 가르치고 행했던 것과 같이 그에게 필요한 도움을 베풀어야만 한다. 그렇게 하지 않으면 그를 멀리하는 일은 죄에서 돌이키게 하기보다는 멸망으로 내모는 일이 될 것이다(살전 5:14).

그러므로 우리는 그 죄인들을 원수처럼 대해서는 안 될 것이요, 오직 형제와 같이 권면하여 그들이 자신의 죄를 깨닫고 회개하도록 인도해야 한다. 그렇게 함으로써 그들이 다시 하나님과 교회에 대해 화평을 되찾고, 또한 다른 이들과 같이 받아들여짐으로써 서로를 향해 합당한 사랑을 베풀도록 해야 한다(살후 3:15).

따라서 이것은 살만 루슈디 Salman-Rushdie 의 파트와 fatwa* 같은 것이 아니라 사랑을 명하는 것이다. 비록 그 사랑이 힘들고 어려운 것이라 해도 이는 하나님께서 우리에게 주시는 명령이다.

---

* 파트와는 이슬람 법전인 쿠란과 샤리아에 입각하여 이슬람 학자가 발표하는 법적 의견이나 평결이다. 인도에서 태어난 영국의 소설가이자 수필가인 루슈디가 1988년 발표한 『악마의 시』에 대해 이슬람 시아파 루홀라 호메이니가 "이슬람에 불손한 것"으로 규정하며 루슈디의 처형을 명령하는 파트와를 내걸었었다.

← **요점 정리**

- 외부의 힘이 작용해야 하는 단체들과는 달리 기독교에는 스스로 교정할 수 있는 내적 장치들이 있다.
- 신자들은 시편이나 성찰과 영감을 주는 기독교 저자들의 책과 같은 경건한 글들을 통해 자기 영혼의 상태를 점검하고 또한 영적으로 더욱 성장할 수 있는 재료들을 풍성히 얻을 수 있다.
- 금식이나 영성 일기 쓰기, 그리고 성경 암송과 같이 영혼을 단련하기 위한 행위들은 병을 예방하는 역할을 한다.
- 설교와 찬송, 성찬, 그리고 기도문 등과 같은 고전적인 예배의 요소들은 교인들의 마음에 큰 유익을 줄 수 있다.
- 교회에는 순결한 증언과 건강한 영적 성장을 위한 다양한 도구와 활동들 (교리문답, 성약, 성회, 돌봄 모임, 권징 등)이 있다.

"기독교가 그렇게 좋다면, 기독교인들은 왜 그렇게 나쁜가?"
If Christianity Is So Good, Why Are Christians So Bad?

9.

기독교인의 항체: 가정과 교회를 넘어

기독교인들은 가정과 지역교회의 울타리 밖에서도 자신을 바로 세우는 조치들을 취한다.

부흥/각성

한 국가나 민족을 휩쓰는 영적 쇄신이 일어날 때 그것을 주로 '각성'이라고 한다. 한편 그 영향력이 한 지역교회나 지역사회에 미칠 때 일반적으로 '부흥'이라는 표현을 사용한다. 부흥은 어떤 변혁적인 사건을 언급하거나, 혹은 교회에서 '부흥 집회'를 계획하는 것처럼 단지 그러한 변혁이 일어나길 바라는 마음에서 그렇게 사용하기도 한다. 하지만 이 두 용어는 그동안 같은 의미로 사용되어 왔다.

이러한 현상 속에서는 회심자들이 생겨날 뿐만 아니라 사회의 질서와 도덕이 고양되기도 한다. 세계 역사에 관심이 있다면, 18세기 영국과 미국에서 일어난 대각성(영국에서는 휫필드와 웨슬리가, 그리고 당시 영국의 식민지였던 미국에서는 조나단 에드워즈가 주도적인 역할을 함), 19세기 미국의 제2차 대각성(북쪽에서는 찰스 피니가, 남쪽에서는 샌디 크릭 침례교도가 주도적 역할을 함), 1857~1858년 뉴욕에서 일어난 기도의 부흥, 그리고 중국 선교사들의 삶과 사역에 힘을 불어넣고 수많은 중국인들이 믿음을 갖게 된 20세기 산동 부흥 등에 대해 들어보았을 것이다.

이번 장의 주제와 관련하여 20세기에 일어났던 하나님의 역사를 하나 더 간단히 살펴보자. 1904년 웨일스에서는 설교자 에반 로버츠 Evan Roberts와 세스 조슈아 Seth Joshua가 앞장서 온 나라가 "주님, 우리를 꺾으소서"라고 기도하게 하였다. 제임스 에드윈 오어 J. Edwin Orr 의 글 덕분에 많은 이들이 이때 있었던 8만 5천 건의 신앙고백과 전 세계로 퍼져나간 사회적 변혁의 사례들을 접하게 되었다.

예를 들면 다음과 같은 것들이 있다. 스완지에서 성탄절 주말에 주취자 입건이 사라진 일, 런던에서 사생아 출생률이 하락한 일, 말라위에서 피에 굶주린 부족에 평화를 가져다준 일, 인도의 구자라트에서 도난당한 돈과 물건들을 되돌려준 일, 중국의 자딩에서 '우상 숭배, 절도, 살인, 간통, 도박, 아편, 부모에 대한 불순종과 고용주에 대한 증오, 다툼, 거짓말, 외도 등과 같은 죄를 고백하고 용서를 구함'[1]으로써 온갖 죄악을 멀리하게 된 일 등이다.

나는 1980년대 후반 아칸소주에서 목사로 봉사를 했다. 그때 주에서 일어났던 부흥 역사의 기록들을 19세기까지 거슬러 올라가며 약 20년 간격으로 하나씩 수집했다.[2] 예를 들면 1864년 어느 날 밤, 쓰리 크릭스 인근 남부 연합군 야영지의 모닥불 주변에서는 복음을 전하고 기도하는 모임이 계속되었고, 이때 500명에 달하는 군인들이 그리스도에 대한 신앙을 고백했다.

한 장교가 밤 9시 점호를 이유로 모임들을 해산하려고 하자 군목이었던 카바노Kavanaugh는 사단장에게 가서 이 모임들을 계속하게 해 줄 수 있는지 물었다. 그러자 사단장이었던 장군은 다음과 같이 대답했다. "박사님, 이 놀라운 개혁이 계속될 수 있도록 제 능력 안에서 무슨 일이든 하겠습니다. 왜냐하면 박사님께서 이 모임들을 시작하신 이후에 저희 부대에서 단 한 명의 병사도 불만을 제기한 적이 없으며, 또한 단 한 명의 병사도 이 나라의 국민을 어지럽게 한 일이 없기 때문입니다."

물론 남부의 반란군이 패하여 나라가 존속하고 노예제가 폐지된 것은 잘된 일이었다. 그러나 이처럼 연합군 캠프에서 영적 변화가 일어났던 일이나, 전후 시기에 거기서부터 흘러나온 축복들은 부인할 수 없는 사실이다. 카바노 목사는 계속해서 이렇게 진술했다. "나는 군대가 해산된 후 아칸소와 텍사스의 시골길을 달려가다가 우리를 통해 회심한 군인들 몇몇을 만났다. 자신의 가족과 부모에게로 돌아간 그들은 여전히 자신의 직업에 충실했고, 확고하고 흔들림 없이 기독교인의 성품을 드러내며 살고 있었다. 그 청년들의 부모는 아들이 군대에 들어가 잘못된 성품과 습관을 배우지 않고, 행복한 기독교인 남성이 되어 돌아왔다는 말을 지금까지도 내게 하고 있다."3) (물론, 하나님께서는 북부의 연방군 캠프에서도 일하고 계셨다. 예를 들어 드와이트 무디 Dwight L. Moody 는 곳곳의 부대들을 돌아다니며 복음을 전했다.)

이와 같은 기록들을 몇 년간 계속해서 들여다보던 중 나는 교회 안의 고질적인 적대감이 해소된 이야기들을 접하게 되었다. 예를 들면, 아칸소주 마운틴 파인 지역에서는 어떤 부부가 서로 이혼하고 연이어 재혼하면서 교회가 분노에 휩싸이는 일이 있었다. 그런데 인근 핫스프링스 지역에서 열린 '주일학교 부흥회'에서 몇몇 교인들이 깊은 감동을 받은 것을 계기로 교회가 새롭게 되었다고 한다. 결국 그들은 자신들이 저지른 불미스러운 일에 대해 회개의 뜻을 표했다.

그 교회에 오랫동안 다녔던 알타 로이스 아웃틀러 Alta Lois Outler 는 그 사건을 이렇게 표현했다. "교회가 주님을 위해 불타면 문제는 곧바로 튀어나온다. 하지만 불이 붙지 않으면 아무리 작은 문제도 산처럼 커지기 마련이다."4)

부흥이라는 것에 익숙하지 않은 경우에는, 그런 달콤한 변혁이 기분 좋은 메시지의 결과라고 생각할 수 있다. 마치 전 세계의 젊은이들이 이탈리아의 한 언덕 위에 모여 콜라를 손에 들고 한목소리로

'온 세상이 한마음으로 노래하게 하고 싶어요'라고 외치는 광고처럼 말이다.

그러나 일반적으로 설교자들의 메시지는 매우 직설적이다. 실제로 빌리 그레이엄이 구원받을 때 설교했던 모르드카이 햄Mordecai Ham은 부드러운 설교를 조롱하기 위해 빈정댐과 풍자를 사용하기도 했다. 그는 또한 카라가 넓은 셔츠와 커터웨이 코트를 입고, 어린이용 장갑을 낀 채 핑크색 리본을 단 작은 설교문을 들고 등장했다. 그리고 그것을 '초짜를 위한 핑크색 설교'라고 부르며 다음과 같은 표현들을 쏟아냈다.

> 저는 졸졸거리며 흐르는 시냇물이 그림 같은 작은 폭포를 만나 산 아래 계곡으로 흘러내려 온갖 작은 나뭇잎과 꽃잎에 빛과 행복을 가져다주어 황량한 계곡에 에덴의 노래가 다시 울려 퍼지면서 피어나는 싱그러운 물안개를 아름답게 연주하는 부드러운 산들바람처럼 온화한 삶을 사는 사람의 이야기를 추악한 십자가 형벌처럼 불쾌하고 기분 나쁘게 만들어서 고귀하신 청중 여러분의 뜨거운 감수성에 충격을 주고자 하는 것은 아닙니다. … 세상에, 저는 백합의 그 모든 아름다움을 생각해본 후에 그로부터 커다란 영감을 얻어 눈을 들어 하늘의 별들을 바라보며, 마치 베들레헴 위에 떠 있던 그 별을 보고 그 밝은 빛을 따라 구유에까지 와서 왕의 순결함 가운데 강보에 싸여 황금 구유에 뉘어 있는 아기를 보았던 목자들처럼, 저는 천상으로 끌려 올

라가 영원하신 하나님의 눈부신 영광에 잠겨버렸습니다. … 아멘.*

그런 뒤에 모르드카이는 위와 같은 기만적인 겉치레를 던져버리고 죄와 회개에 관하여, 그리고 구원으로 인도하는 신랄한 말을 꺼내 들었다. 그의 목적은 우르바노 교황이 사라센 제국에 대한 공격을 촉구했던 것처럼 듣는 이들에게 일종의 '지하드'를 선동하려 했던 것이 아니다.

오히려 그는 자기성찰을 불러일으키고자 했다. 그리하여 사람들이 자신의 삶 속에서 엉망진창으로 만들어버린 것에 대해, 이웃의 영적, 물질적 필요에 무관심했던 것에 대해, 그리고 칼이 아닌 한 잔의 냉수로 그 이웃을 섬겨야 하는 자신들의 사명에 대해 마음을 찢으며 비통함을 느끼게 하려는 것이었다. 혹 거룩한 전쟁이 있다면 그것은 자신의 이기심에 대해 선포해야 할 것이며, 청중들은 교회 밖으로 돌진해 불신자들을 공격하기보다는 예수님의 이름으로 그들 한 사람 한 사람을 섬김으로써 그들이 자기 파멸의 길에서 떠날 수 있게 해야 할 것이다.

물론 조지 휫필드, 존 웨슬리, 빌리 선데이, 모르드카이 햄의 각성 운동의 중심에는 설교가 있으나, 성령님의 역사에는 음악도 강력한 역할을 한다. 윌리엄 리스William Rees의 "사랑은 여기 있으니"Here Is

---

* 모르드카이는 풋내기 목사들이 감성적인 표현을 담아 만연체로 설교하는 것을 비꼬기 위해 일부러 이러한 문장을 만들어냈다.

Love(1900)는 웨일스 부흥의 표지이자 원동력이었으며, 구속의 은혜가 밀려들어오는 모습과 죄의 해악을 그리고 있다.

주 못 박힌 언덕 위에 생명의 문 열렸네
깊고 넓은 은혜의 샘 강과 같이 흐르고
하나님의 자비하심 이 땅 위에 넘치네
평강의 왕 주님 예수 세상 죄 구속했네[**]

그뿐 아니라 빌리 그레이엄의 전도 집회는 185개국에서, 2억 천 5백만 명이 참석하였고, 그중에 2백 2십만 명이 복음을 듣고 결신하였는데, 대개 이 과정은 "큰 죄에 빠진 날 위해"(1835년에 샬롯 엘리엇 Charlotte Elliott이 만든 찬송이며, 그레이엄의 설교 후 결신을 촉구할 때 이 찬송을 불렀다) 라는 찬송을 부르며 진행되었다.

큰 죄에 빠진 날 위해 주 보혈 흘려주시고
또 나를 오라 하시니 주께로 거저 갑니다

큰 죄악 씻기 원하나 내 힘이 항상 약하니
보혈의 공로 믿고서 주께로 거저 갑니다

[**] 2015년 발매한 나무엔의 "순례길"이라는 앨범의 6번 트랙에 실려 있는 "바다 같은 주의 사랑"이라는 제목의 번안곡을 가져왔다.

내 죄가 심히 무거워 구하여 줄 이 없으니
내 의심 떨쳐버리고 주께로 거저 갑니다

그레이엄 또한 1949년에 스튜어트 하인 Stuart Hine 이 칼 구스타프 보버그 Carl Gustav Boberg 의 "주 하나님 지으신 모든 세계"(메시지를 전하기 전에 조지 비벌리 쉬어 George Beverly Shea 가 불렀다)를 번역한 찬송을 자주 불렀다.

주 하나님 독생자 아낌없이 우리를 위해 보내주셨네
십자가에 피 흘려 죽으신 주 내 모든 죄를 대속하셨네

주님의 높고 위대하심을 내 영혼이 찬양하네

교육기관

수 세기 동안 기독교 대학들은 교회의 신실한 일꾼이었다. 성경학교나 신학교의 사역과 함께 인문대학 안에서는 수학과 자연과학, 사회과학, 예술, 그리고 철학, 수사학, 논리학 등의 고전 연구도 도입하여 발전해갔다. 그리하여 긴요한 도구들을 앞세워 활발한 사고의 상호작용을 이끌어낼 수 있게 되었다.

이러한 기관이 가진 가치를 깨달아가면서 사실상 모든 기독교 단체들이 그와 같은 학교를 세웠다. 예를 들어, 내가 1970년대에 봉사했던 휘튼칼리지가 참가한 경기 연맹을 생각해볼 수 있겠다. 일리노이주와 위스콘신주의 대학 연맹(CCIW)에는 일리노이웨슬리언대학(연합감리교), 어거스타나대학(스칸디나비아 복음주의 루터교), 노스파크대학(스웨덴 복음주의 루터교), 노스센트럴대학(연합감리교), 엘름허스트대학(독일 복음주의 총회/연합 그리스도의 교회), 밀리킨대학(장로교), 그리고 캐럴대학(장로교) 등이 소속돼 있다.

기독교 기관으로 설립된 이 학교들은 교리적 경계선을 존중하면서도, 하나님의 가족 안에 존재하는 미덕과 결점, 통찰력과 맹점, 혼돈에 대해 분명한 또는 논쟁의 목소리를 냈다.

어떤 미학자는 현대 미술이 개탄스럽다고 주장할 수 있는가 하면, 다른 이는 그 안에서 많은 가치를 발견할 것이다. 어떤 사회학자는 '진보적' 정치인의 당선을 환호할 수도 있지만, 다른 이는 '보수적' 상대 인사를 위한 선거운동에 참여할 수도 있을 것이다. 어떤 생물학자는 '젊은 지구' 창조론을 옹호하는 반면, 또 다른 이는 '오랜 지구'의 견해를 취할 수도 있다. 그리고 이러한 논쟁은 특정 전공이나 학과를 넘어 학회 모임이나 정기간행물에 이르기까지 다양하게 펼쳐진다. 이는 예나 지금이나 변함없이 살아 있는 전통이며, 이러한 전통 안에서 고집스러운 편견이나 교묘한 세뇌 같은 것은 발붙일 곳이 없다.

어떤 학교에서는 학자들의 집필 활동에 무게를 두기보다는 강의에 더 중점을 두기도 한다. 하지만 사실 기독교 학교의 교수들은 지구온난화에서 세율에 이르기까지, 또한 시민의 자유와 실존주의에 이르기까지 온갖 주제에 대해 많은 글을 써내고 있다. 그들은 이 모든 일에서 '믿음과 학문의 통합'을 추구한다. 그리고 배움의 상당 부분은 장로교인이 노트르담대학교에서, 침례교인이 하버드에서, 감리교인이 UCLA에서 박사 학위를 받는 것처럼 그들의 신앙 전통 밖에 있는 대학에서 얻는 일이 많다.

수 세기에 걸쳐 기독교인들은 최고 수준의 학문적 성과를 이루어왔고, 소르본대학에서 옥스퍼드와 프린스턴에 이르기까지 명문 교육 기관들을 설립하는 일에 앞장섰다. 그리고 교육에 대한 이와 같은 열의는 한두 교단에만 국한된 것이 아니며, 성경이 전해진 곳이라면 그 어디든 학문적 진지함이 발휘되었다. 이와 관련하여 기독교 윤리학자들은 교단 소속을 막론하고 하나님의 이름으로 가해진 학대에 대해 선지자적인 질책의 말을 해왔다.

예를 들어 가톨릭 '살라망카 학파'의 창시자인 프란시스코 데 비토리아Francisco de Vitoria는 스페인이 교회의 협력을 얻어 신대륙 원주민들을 끔찍하게 다루었던 일에 대해 신랄한 비판을 가하며 다음과 같은 글을 썼다. "이 모든 말의 결론은 이교도들에게도 기독교인과 마찬가지로 공적으로나 사적으로 진정한 주권이 있다는 점이다. 따라서 기독교 군주들이 폭력과 칼로 그들을 개종할 수 있는 것인지 … 물어볼 필요가 있다. … 대답은 그렇게 할 수 없다는 것이다. 왜냐하면 내게는 다른 시민들보다 더 큰 권력이 없는 것처럼 스페인의 왕도 이 사람들에게는 마찬가지다. 따라서 내가 다른 시민들에게 미사를 들으라고 강요할 수 없는 것처럼 스페인의 왕도 동일하다."[5)]

기독교 학자들은 교회를 주목한다. 그런가 하면 교회도 학자들을 주목하되 때때로 초기의 교리적 헌신을 저버리는 학교에 대해서는 자금지원을 중단하거나 그들을 바로 세우기 위한 움직임을 보이기도 한다. 그뿐 아니라 외부에서 책임을 묻는 일도 있다.

기독교 대학들은 일반적으로 인가를 받기 위해 여러 건실한 대학에서 학위를 받은 이들로 학교의 교수진을 구성한다. 이는 '동종 혈통'의 교수진이 되지 않게 해야 한다는 세속 권위의 요구에 대해 책임감 있는 모습을 보이려는 것이다.

물론 인가 기관 자체가 요식적인 세부 사항에 집착할 수 있고, 또 어느 정도 이념적인 편견을 갖고 있을 수도 있다. 하지만 기독교 학교들은 그러한 기관들로부터 부끄럽지 않은, 때로는 눈부신 학문적 성과를 인정받을 수 있었다.

기독교 서적 출판

전자 매체(라디오, 텔레비전, 온라인 정기간행물, 유튜브 등)가 기독교인들에게 얼마나 큰 유익이 되는지 많은 이야기를 할 수 있겠지만, 이 자리에서는 유서 깊은 매체인 책에 초점을 맞추고자 한다. 물론 훌륭한 잡지와 신문도 강력한 항체의 역할을 하고 있다. 그들은 영감을 주는 행동들을 조명하고, '가족' 간 분쟁에 판결을 내리고, 탐사보도와 같은 고된 일을 함으로써 정화 작업을 수행한다. 또한 사회적 행동을 위한 연대를 형성하기도 하고, 혼란의 늪에서 우리를 건져내기도 한다. 그 진가를 드러내기에는 너무도 짧은 표현들이지만, 우선은 다시 본론으로 돌아가 보자.

기독교 출판사들은 성경 연구에서부터 변증학, 교회사, 개인의 재정 관리, 신학, 그리고 문화적 활동 등 다양한 주제의 책을 신자들에게 제공한다. 그뿐 아니라 신자 개인이나 교회 차원의 도덕적 행위를 정화하는 것을 주된 목적으로 하는 책들도 적지 않다. 이 분야의 고전과도 같은 책이 칼 헨리Carl F. H. Henry의 『복음주의자의 불편한 양심』이다. 여기서 그는 "복음주의 성직자들의 대다수는 세계가 해체된 지난 세대 동안 사회악에 대해 목소리를 내는 일이 갈수록 줄어들었다."[6]라고 말했다.

이러한 맥락 가운데 아메리칸 스탠다드 주식회사의 은퇴한 최고경영자인 엠마누엘 캠퍼리스Emmanuel Kampouris와 그의 아내 카밀Camille은 목사들이 현재의 문화 속에서 다양한 범위의 주제에 대해 선지자적 목소리를 낼 수 있도록 격려하는 인터넷 웹사이트(kairosjournal.org)를 만들었다. 이들은 정치계에 만연한 무기력함을 보고 그에 대한 대응으로써 이와 같은 일을 시작했고, 후에 클래펌 지역의 두 목사인 존 벤John Venn(윌리엄 윌버포스가 대영제국 내의 노예제를 폐지하기 위한 운동을 벌이던 때에 그에게 영감을 주었던 인물)과 안드레 트로메이André Trocmé(비시 프랑스*의 정권으로부터 달아난 유대인들을 자신의 작은 교회에 숨겨주었던 인물)에게 영감을 받기도 했다.

그 후에는 이 웹사이트에 게재된 글 수백 편이 『NKJV 스터디 바이블』에 실렸다. 예를 들면, "학가다 분란"Haggadot Distraction**이라는 용어는 디모데전서 1장에서 "신화와 끝없는 족보" 및 "바리새적 규율을 만들어내는 이야기"에 현혹되지 말라고 한 사도 바울의 경고에 바탕을 두고 있다. 그런데 교회의 지도자들은 현대적인 용어로 자신만의 "학가다"를 만들어내기도 한다.

기독교인의 '의'를 성경의 능력보다는 일화적 증거를 바탕으로 복잡하게 구성된 규범 같은 것으로 만들고, 교만한 사람들이 이성 교제나 성경 번역본의 선택, 혹은 어떤 넥타이를 매거나 매지 말아야 하는지 등에 관해 기독교인에게 '수용 가능한' 행동을 세밀하게 규정하는 새로운 '법'을 세웠다. 이는 의로움과 충성과 순종 안에서 솟아나는 믿

---

* 나치 독일에 패한 프랑스가 연합군의 도움으로 해방되기 직전까지 필리프 패탱(Philippe Pétain) 원수가 통치한 프랑스의 괴뢰 정권을 지칭하는 말이다.
** 유대인들은 바벨론 포로 시기 이후부터 성경의 말씀 외에 자신들의 전통을 따로 정리해두었고, 이것을 후대의 랍비들이 해석하여 가르쳤다. 그 대표적인 문서가 '미드라쉬'와 '탈무드'인데, 미드라쉬 중에서도 모세5경에 대한 것을 '미드라쉬-할라카'라 부르고, 기타 이스라엘의 역사와 선지자들의 메시지를 바탕으로 여러 가지 해석과 비유를 담아 기록한 것을 '미드라쉬-학가다' 라고 부른다. 유대인들은 성경을 읽을 때도 이러한 전통을 바탕으로 읽어 본래 하나님의 말씀을 오해하거나 달리 해석하는 일이 많다.

음으로 사람의 마음속에 이루신 하나님의 위대한 역사를 하찮은 것으로 만드는 일이다.[7]

이와 같이 기독교인들은 출판사를 통해 신자들에게 사도의 가르침을 교회에 적용하여 말하고 있다.

또한 기독교인들이 비기독교인들의 글을 잘 정리해서 신자들을 훈계하는 일도 가능하다. 앞서 언급한 스터디 바이블에서는 정치학 교수이자 스스로 불가지론자라고 공언하며 여러 교회를 방문해보기 위해 아메리카 대륙을 횡단했던 앨런 울프 Alan Wolfe 의 글을 인용한다. 그 인용문의 끝부분에서 그는 복음주의자는 세속주의가 추구하는 가치를 밀고 나가는 데 거의 위협이 되지 않는다며, 동료 세속주의자들에게 확신을 심어주는 말을 했다. 그리고 그 이유를 다음과 같이 설명했다.

> 저들은 성경이 하나님의 말씀임을 믿는다고 말하지만, 왜 그런지 신기하게도 성경은 항상 저들의 심리적이고 정서적인 필요를 채우는 말들만 합니다. 저들은 두려우신 하나님을 예배한다고 말하지만, 저들의 신은 두려움의 대상이 아닙니다. 왜냐하면 그 신은 사람을 판단하는 일이 거의 없고, 언제나 사람의 선한 품성을 드러내고자 하며, 사람이 자신에게 헌신하도록 하기 위해서는 어떤 일이라도 할 것이기 때문입니다. 그는 이스라엘이 시내산 아래서 덜덜 떨었던 그 위

엄 있는 신이 아닌 그저 '아류 신'일 뿐이며, 사람에게 날마다 새롭고 힘이 되는 치유를 제공하기 위해 항상 준비하고 있는 그런 신입니다. 그리고 하나님의 백성에 대해 생각해보자면, 저들은 그저 특별한 것 없는 평범한 사람들입니다. 우리보다 딱히 더 거룩하지도 않고 의롭지도 않습니다. 힘든 일을 겪으면 싸구려 옷처럼 쉽게 구겨져 버릴 것입니다. 결론적으로 민주주의는 종교적 광신도들로부터 안전합니다. 왜냐하면 그런 사람들은 사실 얼마 안 되기 때문입니다.[8]

쓰라리지만 필요한 말이다. 이들이 불신자라는 사실은 신경쓰지 말자. 왜냐하면 '모든 진리는 하나님의 진리'이므로 그것은 기독교 서적의 한 페이지를 장식하기에 충분하기 때문이다.

과거 기독교계 내의 비평가들

16세기에 에라스무스는 『우신예찬』에서 교회의 학자들을 조롱하며 다음과 같이 썼다.

…그들은 땅이나 하늘의 그 어떤 것과도 상관없는, 단지 자신들의 직업에 중요한 부분이라고 판단하는 몇 가지 신학적 질문에만 공을 들인다. 결국 그들은 그러한 영역에서 신학적 정점에 도달하여 저명하

신 박사님, 최고로 예리하신 박사님, 천사와 같으신 박사님, 거룩하신 박사님, 대적할 수 없는 박사님 등의 그럴듯한 직함을 청중들의 귀에 울려 퍼지게 한다. 그들은 단순한 사람들 앞에 삼단논법, 대전제, 소전제, 결론, 귀결, 환위 등 온통 생명력 없는 학자들의 탁상공론 같은 말들만 내뱉는다.[9)]

물론 그에게는 교황도 예외가 될 순 없었다.

마지막으로, 만약 그리스도의 대리자라고 하는 로마의 교황들이 그분의 삶과 가난과 고난, 그리고 그분의 가르침과 십자가와 멸시받는 삶을 본받고자 한다면, 만약 그들이 교황이나 신부, 혹은 지극히 거룩하다는 호칭의 의미를 생각해보려 한다면, 세상에 누가 더 놀랄 일이겠는가? 도대체 어느 누가 그 모든 노력을 대가로 지불하면서 그러한 직분을 구매하려 하겠는가? 도대체 어느 누가 칼과 독약과 기타 온갖 방법들을 동원해 그 직분을 유지하려 하겠는가? 만약 교황들에게 지혜가 들어간다면, 그들은 어떤 안락함을 그 대가로 치를 것인가! 내가 지혜라고 했는가? 그리스도께서 말씀하신 것처럼 겨자씨 한 알만 한 지혜만 있었어도 참으로 그러했을 것이다. 그러면 모든 부와 명예와 소유, 온갖 개선 행진과 직함, 특혜, 공물, 그리고 대사(大赦), 또한 수많은 말과 노새와 하인들까지, 한마디로 자신들의 모든 즐거움을 다 내어 버렸을 것이다.[10)]

17세기에는 프랑스의 철학자 블레즈 파스칼Blaise Pascal이 『시골 친구에게 보낸 편지』에서 예수회가 자신들의 '결의론'casuistry을 사용하여 범죄자들에게 손쉬운 방법으로 면죄부를 주었던 것에 대해 비판의 목소리를 높였다. 이러한 방식은 로마 가톨릭의 고해성사에 특히 유용한 것으로 드러났다. 왜냐하면 고해성사는 사제가 신자들의 고백을 듣고 그에 합당한 형벌을 결정함으로써, 그들의 의로움을 회복하고 천국에 대한 소망을 유지할 수 있게 해주는 것이기 때문이다.

'결의론'은 단순히 과거의 유사한 사례를 살펴서 해결하기 어려운 일에 특정한 원리를 적용하는 것을 뜻한다. 이는 영미법 체계에서 결론을 내리는 사고방식이므로 그 자체로 문제가 되는 것은 아니다. 다만 문제는 (과거 파스칼 시대에도 그랬듯이) 상담자의 죄를 용인하기 위해 여러 가지 빠져나갈 구멍을 마련하는 데 있다. 파스칼은 이러한 문제점이 있다는 것을 발견했고, 그래서 이와 같은 종교적 사기극을 벌이는 자들을 찾아내 그들의 명단을 공개했다.

그중 한 사람이 리슐리외Richelieu 추기경의 견해를 대변했던 소르본 대학의 교수 무슈 르 므앙Monsieur le Moine이었다.[11] 그는 어떤 행동이 죄가 되기 위해서는 그러한 행동을 한 사람이 자신의 도덕적 문제를 알고 그에 대한 주님의 영적 해결책을 알고 있었어야 한다고 말했다. 그리고 동시에 그가 자신의 도덕적 질병을 치료받고자 하는 열망과 그것을 위해 하나님께 도움을 구하는 기도를 하려는 열망이 있었어야만 한다고 주장했다. 즉 그러한 지식과 열망이 있으면서도 멈추지 않고 그와 같은 행동을 했을 때만, 그것이 범죄가 되는 것이다. 물론 파스칼은 이것이 터무니없는 생각임을 알았다. 만약 그렇다면 전심으로 나쁜 짓을 해대는 폭력배들은 눈처럼 순수한 집단에 불과하다는 의미가 된다. 왜냐하면 그들의 무지(자신들이 죄를 짓고 있다는 것을 모르고 있는 것)와 의지(그러한 죄악을 치료받기는커녕 오히려 의도적으로 행하는 것)로 인해 그 행위들은 무죄가 되기 때문이다. 따라서 그들이 강도질과 폭행과 사기행각을 벌일 때도 그것은 그저 어쩔 수 없이 행한 일이므로 우리는 그들을 가혹하게 판단해서는 안 된다.

파스칼은 이제 좀 더 본격적으로 '개연론'probabilism의 원리를 내세우던 버니Bauney 신부를 파헤쳤다. 개연론에서는 당신이 널리 비난받는 어떤 행동을 했을 때, 교육받은 권위자 중 한 사람이라도 당신의 견해에 동의한다면 그것만으로 그 행동에 대한 판단을 피할 수 있다고 가르쳤다. 이 권위자의 의견이 확실할 필요는 없으며, 그저 다른 의견들이 그러하듯 어느 정도의 개연성만 있으면 충분했다.

따라서 누구나 그저 하고 싶은 대로 하면 된다. 당신이 택한 것이 도무지 타당하지도 않고 세상에 그런 것을 인정하는 이가 거의 없다 해도 신경쓸 필요 없다. 단 한 명의 학자라도 당신의 선택을 옹호하는 이가 있다면 그로써 당신은 '성역을 주장'하고 비난을 면할 수 있을 것이다.

물론 학자들의 세계를 잘 아는 사람이라면, 이념적 혹은 윤리적으로 당신과 같은 편이 되기 위해 호기심을 보이는 교수들이 **항상** 있다는 것을 알게 될 것이다. 우리 시대를 예로 들면, 프린스턴대학의 철학자 피터 싱어Peter Singer는 수간(獸姦)에 대해 지지를 표명했고, 노스웨스턴대학의 전기공학 교수인 아서 버츠Arthur Butz는 홀로코스트를 부정하는 인물로 악명이 높다. 두 사람 다 자신의 견해에 대한 나름의 논거들을 제시하고 있으므로, 버니 신부의 이론에 따르면 그 둘을 추종하는 이들에게는 그들이 도덕적 피난처가 되는 것이다.

물론 파스칼 당시 개연론의 원리를 따르던 이들은 성경을 받아들인 사람들의 문제를 다루었다는 점에서 차이가 있기는 하다. 하지만 그 위험성은 세속의 학문 영역에도 미친다. 양쪽 진영 모두 무거운 윤리적 권고를 가볍게 일축할 수 있고, 양쪽 모두 도덕적으로 확실한 교정이 필요한 이들에게 핑곗거리를 제공해줄 수 있다.

책임 있는 재정

최근에 나는 우리 교단에서 발행한 보고서를 훑어보다가 교회들이 선교를 목적으로 헌금한 내역을 자세히 나열해 놓은 것을 보게 되었다. 이것은 우리 교단 안에서는 늘 있는 일이고, 따라서 나는 여러 해 동안 그것이 다른 교회를 압박하는 일종의 당근과 채찍 같은 수단이 된다고 생각했다. 사실 동네방네 구두쇠라고 소문나는 것을 좋아할 사람이 어디 있겠는가? 그런데 나는 여기에 또 하나의 중요한 기능이 있다는 것을 알게 되었다. 그것은 바로 책임 있는 재정이다. 이 보고서는 성직자와 평신도 모두에게 발송되기 때문에 교인들은 자기 교회의 기록을 검토해볼 수 있고, 때로는 그 과정에서 충격을 받기도 한다.

'잠깐만! 우리가 성탄절 때 해외선교 헌금으로 한 500달러는 냈던 것 같은데. 우리가 낸 돈이 다 어디로 간 거지. 뭐가 어떻게 돌아가는 거야?' 하는 생각이 들 수도 있다. 그러면 우리는 목사님이나 재정 담당자에게 그 목적 헌금이 어떻게 된 것인지 확인해본다. 그러면 대부분의 경우는 아주 간단하고 납득할 만한 설명을 듣게 된다('마지막에 약정된 금액의 수표까지 받아서 함께 보내려고 기다리고 있던 중이었습니다.').

하지만 가끔은 일 처리를 게을리하는 경우도 있고('죄송합니다. 제가 공인중개사 시험 준비를 하느라 깜빡 했네요.'), 혹은 이해는 하지만 도저히 용납할 수 없는 기만적인 행위를 하기도 한다('이 자금으로 이번 분기 보험료를 내야 했습니다. 하지만 그 돈은 다시 채워서 보낼 겁니다. 그저 순서만 조금 바꿨을 뿐이죠.'). 슬픈 일이지만, 이러한 목록을 통해 진짜 도둑이 드러날 때도 간혹 있다. 즉 교회의 자금을 자신의 개인 계좌로 빼돌리는 사람이 있는 것이다.

파라처치 단체들 역시 이런 종류의 죄에 대한 유혹을 받기 쉽다. 그래서 1979년 여러 단체가 모여 '그리스도 중심의 교회와 사역에 대한 신뢰 제고'를 위해 노력하는 복음주의 교회재정 책임위원회(ECFA, ecfa.org)를 설립했다. 이 위원회의 활동은 책임 있는 청지기 역할을 위한 일곱 가지의 표준을 바탕으로 이사회의 효과적인 감독, 투명한 의사소통, 책임 있는 환급 체계, 기부자의 의도에 충실하기 등의 원리를 가지고 이루어졌다. 그리하여 나름대로 자신들만의 소비자보호원이나 품질보증인증 마크와 같은 기준을 세우려고 했다.

비록 이 위원회가 수년간 좋은 일을 한 것은 사실이지만, 또 다른 파라처치 조직인 월드뉴스그룹은 자체적으로 발간하는 「월드」라는 잡지를 통해 2019년에 이 위원회에서 자격 미달인 몇 사람에게 'A등급'을 주어 그들의 부족함을 눈감아 줌으로써 '등급 부풀리기'의 잘못을 저질렀다는 기사를 냈다.[12]

그러나 이는 책임 있는 기독교인이 되기 위해 어떻게 파수꾼이 다른 파수꾼을 경계하는지를 보여주는 일례이다.

선언문

기독교인이 자신들의 도덕성이 흐트러진 것을 발견했을 때, 그것을 바로 잡는 또 다른 방법은 바로 선언문을 작성하는 것이다. 하지만 우리가 늘 한목소리를 내는 것은 아니다. 예를 들어, 지난 수 세기 동안 우리는 전쟁, 사형제도, 그리고 이혼과 재혼의 기준 등에 대해 서로 다른 입장을 견지해왔다. 이러한 의견 차이는 대개 성경의 해석 때문에 일어난다. 예컨대, 평화주의자들은 요한복음 18장 11절에서 예수님께서 베드로에게 칼을 칼집에 꽂으라고 하신 구절을 거론하는 데 반해, 정당한 전쟁을 옹호하는 이들은 로마서 13장 1-7절을 근거로 국가 권력의 사용을 정당화하려 한다.

인간에 의한 지구온난화의 문제를 한번 생각해보자. 복음주의 기후 발의Evangelical Climate Initiative에서는 "기후 변화: 행동을 촉구하는 복음주의의 외침"이라는 보고서를 발간했다. 그 보고서는 "수백만 명의 사람들 … 그들 중 대다수는 세계 곳곳의 극빈층인 우리의 이웃들이 … 이번 세기 안에 죽지 않기 위해서는 화석 연료의 연소에서 발생하는 이산화탄소 배출량을 줄여나가야 한다."라고 주장했다.

이에 대해 콘월 얼라이언스Corwall Alliance*에서는 "지구온난화에 대한 복음주의의 선언"을 발표하여 하나님의 계획과 능력 안에서 "지구와 생태계는 … 건강하고 회복력이 있으며, 또한 자기통제 및 자기정화가 가능하다…."라고 주장했다.

따라서 이 지구와 그 안의 생태계는 "우연에 휘둘리는 연약하고 불안정한 산물"이 아니며, 최근에 일어나고 있는 온난화는 "비정상적으로 대규모이거나 비성상적으로 빠르게 진행되는 것도 아니다."라고 말한다. 그리고 "진리, 분별, 그리고 가난한 사람들의 보호를 위한 새로운 촉구"라는 부속 문서에서 "지구온난화에 대한 야단법석은

---

* 정식 명칭은 The Corwall Alliance for the Stewardship of Creation, 즉 "창조 세계의 청지기 직분을 감당하기 위한 콘월 동맹"으로 공공정책을 위한 보수주의 기독교인들의 모임이다. 이들은 환경문제에 대해 자유시장경제 원리만으로도 충분하다고 주장하며, 지구온난화의 원인을 인간에게서 찾는 것에 반대한다.

신학적, 과학적, 경제적으로" 부족한 주장이라고 말했다.

물론 '선량한 사람들은 동의하지 않는다.'라고 하지만 이 문제로 논쟁할 때는 그다지 너그러운 말투로 하지도 않는다. '지구의 멸망'이나 '발전 수단의 무의미한 파괴'와 같은 개념을 사용하면 상대방은 즉각적으로 혐오감을 느낄 수 있다.

그럼에도 불구하고 고린도전서 13장 4-6절의 "사랑은 … 진리와 함께 기뻐하고"라는 말씀처럼 기독교인들은 서로를 도와 자신들을 괴롭히는 혼란이나 광기에서 벗어날 수 있다. 이런 상황에서 이런 말을 하는 것이 어떻게 보면 흔해 빠진 미사여구처럼 들릴 수도 있지만, 실제로 커다란 차이를 만들어낸다.

사랑보다는 자존심과 힘, 그리고 부유함에 몰두하는 세상에서는 자신이 틀렸다는 사실과 상대방의 생각이 일리가 있음을 인정하는 것이 참 어려운 일이다. 그뿐만 아니라 '일을 잘 처리할 수 있도록 도와줘서 정말 고맙습니다. 한숨 돌리게 됐습니다. 정말 감사합니다. 사상가이자 변론가로서 내가 쌓아두었던 것을 좀 잃게 되었을 수도 있지만, 잘못된 일로 축하받고 싶어 하는 사람은 아무도 없겠죠.'와 같은 말을 함으로써 성경의 말씀을 지켜 행하는 것은 너무나도 어려운 일이다.

너무 나간 것처럼 들리는가? 그리스도의 성령께서 교회를 다스리시면 결코 그렇지 않다.

← 요점 정리

- 부흥과 각성이 일어나면 교회, 지역사회, 그리고 국가를 개혁할 수 있다.
- 기독교 문화의 중심인 교육기관은 교정과 방향을 제시하는 역할을 한다.
- 기독교 출판은 자유롭고 다양한 방식으로 도덕적 영향을 미친다.
- 교회의 역사 안에는 우리를 정직한 길로 인도하기 위해 싫은 소리를 마다하지 않은 인물들이 가득하다.
- 주요 사안들에 초점을 맞추는 파라처치 단체들 역시 재정보고서나 공공정책에 대한 선언문 등을 통해 교회에 책임을 묻는다.

"기독교가 그렇게 좋다면, 기독교인들은 왜 그렇게 나쁜가?"
If Christianity Is So Good, Why Are Christians So Bad?

10.

신앙의 환경 보호

 항체의 역할은 신체 건강에 큰 유익이 된다. 즉 건강하지 못한 생활 습관과 소홀한 위생 관리로 항체를 위험에 빠뜨리는 것은 정말 어리석은 행동이다. 손을 잘 씻고 양치질을 하며 상하기 쉬운 음식은 냉장 보관하라. 그리고 기침이나 재채기는 소매로 가리고 하는 등의 배려하는 습관으로 다른 사람과 공유하는 생활환경도 보호하라.
 그러면 이 책이 주는 의미는 무엇일까? 기독교인을 타락시킬 수 있는 부정한 유혹의 광장(공론의 장)을 정화하라는 뜻이 아니다. 또한 모든 적대적인 목소리를 잠재우라는 의미도 아니다. 매사추세츠만 식민지에서는 (그리고 메카에서도) 집권자들이 그러한 일을 시도했었다. 하지만 나는 오히려 세균들도 사회적 담론에 참여할 수 있는 자유로운 사고의 장을 강조하는 것이다.

최근 몇 년간 코로나에 관한 논의가 많았는데 그것이 좋은 비유가 될 수 있겠다. 흔히 아이들이 세균에 더 취약하다고들 한다. 왜냐하면 어딜 가나 손 소독제를 뿌리며 너무 보호를 받다 보니 항체가 형성될 기회를 얻지 못하기 때문이다. 아이들을 세균으로부터 보호하려다가 결국에는 더 안 좋은 결과를 낳게 되는 것이다. 고전 수필가 몽테뉴Montaigne는 말하길 우리 모두는 살면서 '흙먼지를 한 통' 정도는 먹어야 한다고 했다. 다만 한 번에 먹는 것이 아니라 조금씩 평생을 먹는 것이라고 했다. 그가 이처럼 고약한 식단을 칭송했던 것은 아니지만 거기에도 '긍정적인 일면'이 있다는 것을 표현한 것이다.

물론 기독교 세계, 곧 믿음의 역사 안에서도 반대 의견을 묵살했던 때와 장소가 있었다. 이단자들은 짓밟혔고, 집권자들은 불온서적을 불태웠으며, 문제를 일으키는 이들을 추방해버렸다. 그러나 신자들은 고립이 편협을 낳는다는 사실을 깨달았고, 이제는 외부의 목소리가 우리의 정직함을 유지시켜준다는 사실을 알게 되었다.

로저 윌리엄스와 존 리랜드

침례교도는 '자유로운 국가 안에 자유로운 교회'를 세우기 위해 노력함으로써 청교도들의 전체주의적인 충동에 반기를 들었다. 『진리와 평화 사이의 회담에서 논의된 양심의 문제로 박해를 가하는 피비린내 나는 교의』The Bloudy Tenent of Persecution for cause of Conscience, discussed, in a conference between Truth and Peace라는 책에서 로저 윌리엄스Roger Williams는 다음과 같은 입장을 표명했다. "하나님의 아들이신 주 예수님께서 이 땅에 오신 이래로 모든 민족과 나라에서 이교도, 유대인, 튀르크인 혹은 적그리스도의 양심과 예배를 허용하는 것이 하나님의 뜻이자 명령이다." 왜냐하면 예수님께서는 그분의 지상 사역 동안 그분을 거부하던 이들에 대한 "해독제나 치료약으로 정부의 칼을 휘두르게 하지 않으셨기" 때문이다.

윌리엄스는 청교도가 다스리던 매사추세츠만 식민지에서 변절한 목사였다. 그는 케임브리지에서 교육을 받았고, 또 처음에는 영국의 법률가 토마스 코크Thomas Coke와 식민지 총독인 윌리엄 브래드퍼드William Bradford 같은 고위 인사들로부터 인정받았다. 하지만 그는 곧 여러 가지 사안에 대해 동료 성직자들과 생각이 다르다는 것을 알게 되었다.

예컨대, 그는 식민지 교회에서 봉사하기 위해서는 영국의 왕실과 대주교로부터 허가를 받으라는 요구와 국가가 십계명의 처음 네 계명(다른 신을 섬기지 말라, 우상을 세우지 말라, 하나님의 이름을 망령되게 일컫지 말라, 주일을 지키라)에 열심을 내지 않는 이들을 처벌할 수 있다는 그들의 주장을 무시했고, 오히려 식민지의 아메리카 원주민을 존중했다. 결국 그는 1635년에 그곳의 식민지에서 추방당해 지금의 로드아일랜드로 알려진 내러갠셋 인디언 부족들과 함께 거주하게 되었다.

그로부터 한 세기 반 뒤에 갓 독립한 미국의 공직자들은 헌법 초안을 마련하여 다른 주들의 비준을 받고자 했다. 그런데 침례교 설교자였던 존 리랜드John Leland는 그 초안에 종교의 자유가 보장되지 않았다고 생각하며 비준을 반대했다. 그는 제임스 매디슨James Madison과 토머스 제퍼슨Thomas Jefferson, 그리고 조지 워싱턴George Washington 같은 지도자들이 이러한 자유를 위해 헌신하고 있다고 믿었지만, 이들이 전면에서 물러난 뒤에도 이와 같은 권리들이 확고히 남아 있으리라고는 확신하지 못했다.

리랜드의 의구심을 전해들은 매디슨은 그가 염려하는 바를 해결할 수 있는 수정안을 요구하겠다고 약속했다. 그리하여 리랜드는 매디슨과 헌법 초안의 비준을 지지했고, 매디슨 역시 자신의 약속을 지키기 위해 노력한 결과 헌법 안에 권리장전을 첨부하게 되었다. 현재 미국 건국 문서의 일부인 이 수정헌법 제1조는 다음과 같다.

> 의회는 종교의 설립에 관여하거나, 사유로운 종교 활동을 금지하거나, 발언의 자유와 언론의 자유, 혹은 대중이 평화로운 집회로 모이거나 정부에 고충을 시정해달라고 탄원할 수 있는 권리를 제한하는 어떠한 법률도 만들어서는 안 된다.

리랜드는 세상을 떠나기 전에 자신의 묘비에 다음과 같은 문구를 넣어 단출한 장례식을 해달라고 강조했다. "67년간 신앙심을 고취하고 모든 사람의 인권과 종교적 권리를 지켜내기 위해 노력한 존 리랜드 이곳에 묻히다."

존 밀턴

물론 이처럼 대의를 위해 투쟁했던 이들이 윌리엄스나 리랜드가 처음은 아니었다. 개신교 시인인 존 밀턴 John Milton 은 17세기 개신교 의회가 급진주의자들과 왕정주의자들, 기타 문제를 일으키는 인물에 의한 이념적 감염을 막기 위한 방편으로 출판업에 면허제를 도입하려는 것을 매우 불쾌하게 생각했다. (실제로 밀턴 자신이 예외적인 경우의 이혼과 재혼을 옹호하는 글을 씀으로써 문제를 일으키는 사람이었다.)

당시 영국을 포함한 유럽 전역은 종교적 견해 차이(대부분 그 본질은 정치적인 견해 차이였다)를 이유로 군대를 배치하고 사람을 처형하는 일이 잦았기 때문에, 그러한 법령은 사회 전반의 토론의 장을 만들기 위한 절차라기보다는 전시 검열을 위한 것이었다. 밀턴은 그것이 커다란 실수라고 지적했고, 성경을 통해 이러한 자신의 주장을 뒷받침하려 했다. (그가 쓴 소책자의 제목인 『아레오파지티카』는 그리스인들이 논쟁과 재판을 열었던 아테네의 마스 힐 Mars Hill 에서 유래한 것이다. 마스는 로마 신화에 나오는 전쟁의 신이고, 그 신을 그리스 신화에서는 아레스 Ares 라고 부른다.)

그는 "자유인으로 태어난 사람이 대중에게 자유롭게 말할 수 있을 때 이것이 참된 자유다…."라는 에우리피데스Euripides의 말로 운을 뗀 후, 종교재판에서처럼 교황이 집필을 금하게 하는 것을 경계해야 할 예로 들었다. 또한 자신의 주장을 내세우기 위해 성경을 폭넓게 인용하며 이렇게 주장했다. "모세, 다니엘, 바울의 예를 보라. 그들은 애굽인, 갈대아인, 그리스인의 모든 지식을 섭렵했다. 이는 그들이 고대의 대제국이 남긴 온갖 서적을 탐독하지 않고서는 불가능한 일이었을 것이다. 특히 바울은 거룩한 성경에 세 명의 그리스 시인들이 쓴 문장을 삽입해도 성경이 더럽혀지는 것은 아니라고 생각했다."[1)]

그는 동료 신자들에게 자신들이 가장 발전할 수 있는 길은 논쟁에 달려 있다고 말했다.

나는 도망 다니거나 숨어있는 미덕, 행동이 뒤따르지 않고 생명력이 없는, 절대로 밖에 나가 상대방을 보려 하지 않는, 그저 쥐 죽은 듯 살금살금 다니기만 하는 … 그런 미덕을 찬양할 수는 없다. 단언컨대, 우리는 세상에 순결함을 가져오지 못한다. 오히려 우리는 불결함을 더 많이 가져온다. 우리를 정결하게 하는 것은 재판이고, 재판은 서로 반대되는 것 사이에서 한다. 그러므로 그와 같은 미덕은, 마치 젊은이가 악에 대해 사색해보다가 악행으로 얻을 수 있는 최고의 것이 무엇인지 알 수 없어 결국 그것을 포기해버리는 것과 같은, 공허한 미덕이다…[2)]

비록 의회가 앞서 이 법을 제정하고 말았지만, 밀턴의 글은 서구의 사고 체계에 있어서 고전이 되었다. 그 글의 일부는 뉴욕의 공공 도서관 열람실 입구에 게시되어 있고, 또 언론의 자유, 특히 피임을 옹호하는 이들과 공산주의자들의 관점이 불편하게 여겨질 때 그런 사람들의 자유까지도 폭넓게 수호하는 미국 대법원의 여러 판례 가운데 그의 글이 인용되기도 한다.

가이사랴의 바실리우스

4세기로 돌아가 보면 니케아 신경을 통해 정통 교리를 수호했던 가이사랴의 바실리우스Basil of Caesarea의 말을 떠올리게 된다. 여기서 그는 믿음의 대적을 대할 때 관용과 인애로 해야 한다고 촉구한다.

가치 있는 것들을 추구하라고 권장하는 이방 세계의 모든 문헌을 받아들이자. 우리에게는 이교도들의 고매한 행위에 대해 유구한 전통 속에서 전해온 역사적 기록이나 시인들 혹은 산문 작가들이 쓴 글들도 남아 있다. 이러한 고매한 행동의 모범은 우리에게 덕이 될 것이다. 예를 들어, 어떤 사람이 아테네 도심을 돌아다니며 페리클레스에 대해 독설을 퍼부었지만, 페리클레스는 귀를 닫아버렸다. 그 사람은 온종일 그러한 행동을 지속하며 페리클레스에게 악의적인 모욕을 쏟아냈다. 그러나 페리클레스는 신경 쓰지 않았다. 저녁이 되고 어두워져도 그의 분은 사그라들지 않았다. 그런데 페리클레스는 등불을 들고 나와 그를 집으로 맞아들였다! 보라, 페리클레스는 자신의 철학 훈련이 무의미해지길 원치 않았던 것이다.[3]

현대에 들어서도 무신론자들의 입에서조차 유익을 얻을 수 있음이 분명히 드러난다. 다음의 예들을 생각해보자.

- 업튼 싱클레어 Upton Sinclair 의 『정글』은 정육업계의 잔혹한 동물 학대나 위생의 문제에 개혁을 일으켰다.
- W. E. B. 듀 보이스 Du bois (공산주의자이자 무신론자)의 『흑인의 영혼』 및 다른 글들은 미국의 인권운동에 박차를 가하는 데 도움이 되었다.
- 라이너스 폴링 Linus Pauling 은 노벨 화학상 수상자로서 그의 연구는 DNA를 이해하는 데 초석이 되었다.
- 리처드 로저스 Richard Rogers 가 작곡한 "오클라호마", "왕과 나" 그리고 "사운드 오브 뮤직"의 음악은 관객들에게 기쁨을 주었다.
- 올리버 색스 Oliver Sacks 는 신경학자로서 그가 쓴 『깨어남』은 획기적인 연구를 담은 작품이다.
- 스티브 워즈니악 Steve Wozniak 은 애플 Apple 의 공동 창업자이다.

아이러니하게도 기독교인들은 지금까지 '무교인'들이 자유롭게 발언할 수 있는 공간을 만들어냈다. 하지만 정작 무교인이 넘쳐나는 세속적인 대학교 캠퍼스는 더 이상 자유로운 발언의 보루가 아니다.

오히려 '미약한' 학생들을 혼란스럽게 할 만한 사람들이나 견해들로부터 그들을 보호할 수 있는 '안전한 장소'가 되도록 하는 데 집착하고 있다. 역설적이게도 세속의 학문기관은 성경적 기독교인들의 도움으로 얻게 된 자유를 이용해 기독교인 학생들(특히 복음주의자들)이 자신의 성경적인 생각을 자유롭게 표현하는 것을 비난하거나 막으려고 한다.

바로 어제 나는 어떤 학생이 기숙사 친구들을 성경 공부에 초대했다는 이유로 징계를 받았다는 이야기를 들었다. 그 학생은 기숙사 로비에서 맥주 파티를 열어 사람들을 초대하는 것은 괜찮지만, 성경 공부는 안 된다는 뜻인지 물었다. 대답은 그렇다는 것이었다. 이것은 감리교가 세운 학교에서 일어난 일이었다.

부쿠레슈티

1990년대 초반 나는 우리 교단 소속의 8명과 함께 루마니아의 수도 부쿠레슈티를 방문한 적이 있었다. 당시는 차우셰스쿠*가 국가

---

* 1974~1989년까지 루마니아 사회주의 공화국의 국가 주석을 맡았으나 자신의 정권이 무너지고 처형당했다.

주석 자리에서 물러난 지 얼마 되지 않은 때여서 나라가 안정을 되찾기 위해 노력 중이던 시기였다. 과거 공산주의 폭군 아래서 모든 기독교 교회들(복음주의, 가톨릭, 정교회)은 어느 정도의 억압과 박해를 피할 수 없었다. (나는 문제의 소지가 있는 목사들을 살해하기 위해 가장 선호한 방법이 커다란 트럭으로 그들이 타고 있던 차의 옆면을 들이받아 교통사고로 위장하는 것이라는 이야기를 들었다.) 국가가 개혁주의 목사들을 괴롭히던 티미쇼아라 지역에서 혁명을 촉발한 불꽃이 일어난 것은 당연한 일이었다.

그렇다면 모든 이에게 종교의 자유가 찾아온 새 시대가 열렸다고 생각할 수 있다. 그러나 루마니아 정교회는 제2차 세계대전 이후 공산주의자들이 정권을 장악하기 전까지 누렸던 자신들의 독점적 특권을 누리며 스스로 특별한 지위를 자처하고 있었다.

이로써 복음주의자들과 가톨릭이 어느 정도 불이익을 당하게 된 것은 당연한 일이었다. 하지만 우리는 더 나은 길을 제시하고자 했고, 그래서 국회의원 및 정부 관리들과 만남을 추진하여 그들에게 미국 수정헌법 제1조에 나타난 종교의 설립 및 활동의 자유에 대한 가치를 설득하려 했다.

나는 그러한 정책이 갖는 세속적 이점에 대한 발표를 맡았다. 그래서 나는 자유로운 생각의 교환을 장려하고 모든 사람의 다양한 의견을 존중하고 보호하는 국가에서는 위대한 대학들이 생겨나고, 새로운 발명을 위한 생산적인 연구와 개발이 일어나며, 또한 그런 나라는 다른 국가들로부터 명예와 존경을 받게 된다는 점을 언급했다.

데이비드 배로우와 로버트 반스

물론 자유를 위한 투쟁은 많은 경우 김정은이나 탈레반 같은 기독교에 적대적인 세력들에 대항해 일어난 것들이다. 하지만 신자들은 교회 안에서는 물론이고 사회 전반의 문제를 바로잡기 위해 다른 신자들과 종종 대립해야 했다. 이러한 맥락에서 보면 성경 해석학이 공공 영역에 미치는 영향은 참으로 놀라운 것임을 알 수 있다.

그렇다면 함의 경우를 생각해보자. 영웅적 인물이었던 노아가 홍수 후에 술에 취해 부끄러운 모습을 보였을 때, 그는 한 민족 전체에게 저주를 선언했다. 그의 아들 중 하나였던 함은 아버지가 장막 안에서 벌거벗은 채 취해 있는 모습을 보고는 자기 형제들인 셈과 야벳에게 달려가 그 사실을 말했다. 하지만 그러한 불상사를 목격하고 싶지 않았던 두 형제는 눈을 돌린 채 덮을 것을 들고 뒷걸음쳐 들어갔다. 노아는 두 아들의 세심한 돌봄을 인정한 반면, 함의 태도에 대해서는 분노했다. 그래서 함의 아들인 가나안은 다른 두 형제의 자손들의 종이 되어 그들을 섬길 것이라고 말했다(창 9:20-27).

어쩌다 보니 이 사건은 흑인들에 대한 심판으로 해석되었고, 그래서 그들은 인류의 역사를 통해 유럽인(야벳의 후손)과 셈족(셈의 후손)의 지배를 받게 된 것이라고 보았다. 이는 지나치게 비약적인 해석이지만, 아프리카 사람들을 학대하고자 했던 이들에게는 편리한 해석이기도 했다. 다양한 사람들이 이러한 입장에 가세했다.

투르 지역의 가톨릭 대주교였던 기욤-르네 메냥Gulliaume-Rene Meignan은 1869년 "흑인종"의 "불행"하고 "비천"한 상태를 "가나안에게 내려진 저주"의 탓으로 돌렸다. 침례교 성직자인 존 대그John Dagg는 1859년에 미국의 노예들은 "자신들을 속박하고 있는 운명의 저주에 인내하며 복종"해야 한다고 말했다.

1863년 감리교 목사인 존 벨 로빈슨John Bell Robinson은 만약 함이 아버지를 진실하게 대했더라면 "지금 이 세상에 노예나 흑인 따위는 없었을 것"이라고 말했다. 장로교 신학자인 로버트 대브니Robert Dabney는 1867년 "성경의 이 구절은 흑인을 노예화한 것에 대한 신적 승인"이라고 말했다. 성공회 주교인 조지 프리먼George Freeman은 1837년 "지금의 비참한 상태는 (그 저주의) 명백한 성취"라고 말했다.

그러나 이러한 견해들은 받아들여질 수 없다. 왜냐하면 동일한 직분의 다른 성직자들은 그와 반대되는 주장을 하고 있으며, 그들 대다수가 이와 같은 적용은 가증스러운 것이라고 이야기하기 때문이다. 예를 들어, 1802년 켄터키주의 침례교 목사인 데이비드 배로우David Barrow는 "나는 거룩한 계시의 말씀 안에서 '노아의 저주 혹은 악담'보다 더 오용된 구절은 없다고 확신한다. 왜냐하면 일반적으로 그 구절은 독재자들이 선호하기 때문이다."라고 말했다. 1846년 필라델피아의 장로교 목사인 알버트 반스Albert Barnes는 다음과 같이 자신의 생각을 표현했다. "이 구절은 종종 단 하나의 왜곡된 해석을 통해, 그리고 지극히 단순한 주해의 원리에도 불구하고 그 왜곡을 굽히지 않음으로써, 아프리카인들을 노예로 전락시킨 것을 정당화하기 위해 사용되었다."4)

당연한 일이지만 노예제도를 옹호하는 해석은 지지를 받지 못했고 후자의 주장이 더 우세하게 되었다. 그뿐 아니라 저주를 부정하던 쪽에는 무력을 행사할 수 있는 힘이 있었기에, 침례교, 장로교, 감리교, 성공회 및 다른 교파의 북쪽 교회들은 남쪽에 있는 교회들에게 보다 경건한 해석을 강요할 수 있게 되었다.

제리 미첼

1964년 6월, 미국 역사에서 가장 개탄스러운 일 중의 하나가 미시시피주 네쇼바 카운티에서 일어났다. 인권운동가였던 제임스 체니 James Chaney, 앤드류 굿윈 Andrew Goodwin, 그리고 마이클 슈워너 Micahel Schwerner 세 사람이 KKK*의 사주를 받은 10명의 폭력배들에게 살해당한 일이었다. 시간제 목사였던 에드거 레이 킬렌 Edgar Ray Killen은 이 일을 계획하고 지시한 인물이었다. (그는 첫 재판에서 배심원단의 의견이 11대 1로 엇갈려 교착상태에 빠지면서 풀려났다. 이때 유일하게 반대표를 던진 여성은 목사에게

---

* 흔히 "쿠 클럭스 클랜"(Ku Klux Klan)이라고도 부른다. 원(circle)을 의미하는 그리스어 "퀴클로스"(κύκλος ; kuklos)와 씨족 집단을 의미하는 영어 단어 "clan"을 합성하여 만든 말로, 백인 우월주의, 반유대주의, 인종 차별, 반로마가톨릭, 기독교 근본주의 등을 표방하는 미국의 극우 비밀 결사 단체를 일컫는 약어이다.

유죄 판결을 내릴 수는 없다고 말했다. 후에 다시 심리가 열려 그는 감옥에 갔으며, 거기서 92세의 나이로 죽었다.)

제리 미첼Jerry Mitchell은 그리스도를 믿는 사람으로서 킬렌이 정의의 심판을 받는 일에 일조했다. 아래에서 그에 관한 설명을 보자.

결국에는 과거의 잘못을 뒤집어엎기로 결단한 새로운 세대의 정치 지도자들과 검찰, 그리고 활동가들이 제 시대를 만난 것이다. 그 선구자들 중 한 명이 바로 기자인 제리 미첼이며, 애틀랜타 저널 컨스티튜션은 그에게 '남부의 붉은 머리 콜롬보'라는 별명을 붙였다. 그는 대학을 졸업한 뒤 텍사스주와 아칸소주의 작은 신문사들에서 일을 시작했다. 독실한 기독교 신앙과 사회 정의에 대한 신념으로 그는 자신의 조사 수완을 사용해 인권 문제를 파헤치는 쪽으로 방향을 전환했다. 그는 이렇게 말했다. "시편에 보면 '하나님은 공의를 사랑하신다'라고 했습니다. 우리 기독교인도 그와 마찬가지입니다. 우리가 살인을 보고도 발걸음을 돌리는 것은 하나님께서 뜻하신 일이 아니라고 생각합니다."[5]

어떨 때는 기독교인들이 기독교계 밖에 있는 이들의 환경을 보호하기 위해 자신의 형제를 희생해야만 한다. 비록 슈워너와 굿맨은 유대인이었지만 미첼은 이들이 살았던 사회의 정의를 위해 킬렌을 법의 심판대 앞에 세운 것이다.

존 칼빈

비록 존 칼빈이 있었던 제네바가 종교적 자유의 보루는 아니었고, 세르베투스와 같은 이단을 처형했던 오명이 남기도 했지만, 그래도 우리는 인간의 전적 타락이라는 교리를 발전시킨 그의 신학적 노고에 감사를 표할 수 있다. 이러한 신앙의 교리는 독립선언문에 서명한 유일한 성직자인 장로교 목사 존 위더스푼John Witherspoon을 포함하여 식민지 미국 땅에서 많은 이들의 마음속에 작용했다.

미국의 시조들은 인간이 선하거나 무조건적 신뢰를 받을 만한 가치가 없음을 깨달았다. 이에 헌법 안에 여러 견제와 균형의 장치를 두고, 수정 조항을 추가함으로써 권력을 제한할 수 있는 또 다른 길을 열어 두었다. 이로써 미국은 입법부, 행정부, 사법부의 권력 분립, 그리고 임기 제한, 거부권과 환부거부, 탄핵 등을 명문화하고 있다. "권력은 부패하기 마련이고, 절대 권력은 절대적으로 부패한다."라는 가톨릭의 액턴Acton 경의 말은 이러한 맥락에서 잘 알려져 있다.

피터 마셜

스코틀랜드 태생인 피터 마셜Peter Marshall은 1937년 워싱턴 디시의 뉴욕애비뉴장로교회의 목사가 되었다. 그 후 1947년에는 미국 상원의 원목으로 봉사하기 시작하여 1949년 46세의 나이로 갑작스러운 죽음을 맞이하기 전까지 그 자리에 있었다. 아내인 캐서린Catherine은 남편의 비범한 삶을 담은 전기 『피터라 불리는 사나이』를 썼고, 그 이야기는 영화로도 제작되어 오스카상 후보에 오르기도 했다.

물론 교회와 국가의 절대적 분리를 주장하는 이들은 상원에 원목을 둔다는 개념 자체를 반대한다. 미국 시조들은 수정헌법 제1조에 있는 '설립에 관한 문구'에서 국가 교회를 금지하기는 했어도, 성경의 하나님을 전혀 존중하지 않는 정부를 규정한 것은 아니다. 하지만 이와 별개로 분리주의자들은 이러한 헌법의 정신을 무시하고 있다.

그런 이유로 성직자인 마셜은 의회 회관에 초대되어 '권력에 진실을 말할' 때 하나님께서 지혜를 베푸시기를 간구했다. 여러모로 그가 했던 말들은 '환경 보호'를 위한 효과적인 행동이었고, 의사 진행 방식이나 국가 전체의 도덕성을 높이는 데 도움이 되었다.

다음은 1947년 3월 18일 회의록의 한 부분이다. 여기서 우리는 시편 51편의 목소리를 들을 수 있다.

> 하늘에 계신 우리 아버지여, 주님께서는 우리 마음의 모든 비밀을 다 아십니다. 지금 우리가 고백하는 이 순간에도 우리 각자가 자신의 마음과 정신을 들여다볼 때 두려운 것들, 바라는 것들, 그리고 부끄러운 것들까지도 다 아시는 주님, 우리에게 긍휼을 베풀어 주시옵소서. 우리를 깨끗케 하시어 오늘 우리가 하는 모든 일을 진실한 예의와 명

예 가운데 행할 수 있게 하시옵소서. 모든 일을 공의롭고 정직하게 다루도록 이끄시옵소서. 우리의 동기가 의심받지 않게 하시옵소서. 우리의 말이 하나 되게 하시옵소서. 타인을 비판할 때 우리 자신도 언젠가 심판받게 될 것을 알고 겸손한 태도로 하게 하시옵소서. 새로운 심령을 우리에게 내려주시어 더 많은 일을 더 올바르게 행하게 하시옵기를 구하나이다. 우리 주 예수 그리스도의 이름으로 기도하옵나이다. 아멘.[6)]

같은 해 6월 13일의 회의록도 있다.

우리 조상의 하나님이시여, 주님의 이름 안에서 이 공화국이 탄생하였사오니 주님의 도우심으로 우리가 힘써 일한 것에 주님의 복을 내려주시옵기를 간구하옵나이다. 평화의 시기가 도래하기 전에 고통과 불안함 가운데 살았던 사람들은 속임수를 버릇처럼, 거짓을 재주처럼, 그리고 포학함을 과학처럼 둔갑시켰사오니. 우리가 소중히 여기는 삶의 방식이 도덕적으로 얼마나 고귀한 것인지를 보일 수 있게 도우시옵소서. 이러한 삶 가운데 진실이 인정받고, 정직이 사모함을 받으며, 친절이 행해지는 것을 보게 하여 주시옵소서. 우리가 서로를 대할 때 공손하고, 이해하며, 친절하게 하옵고, 우리의 기질을 다스리게 하옵소서. 또한 우리가 다른 나라를 대할 때는 확고하되 완고하지 않고, 너그럽되 낭비하지 않으며, 올바르되 타협하지 않게 하시옵소서. 다른 나라들이 우리를 사랑하기를 구하지는 않사오나, 우리가 정의를 위해, 두려움 없이, 신념과 용기를 갖고 나선다는 것을 그들이 알게 하시옵소서. 우리가 이 기도에 합당하게 우리의 사적인 삶과 공적인 행위를 유지해갈 수 있도록 인도하여 주시옵소서. 우리 주 예수 그리스도의 이름으로 기도하옵나이다. 아멘.[7]

요점 정리

- 기독교인들이 발전시킨 종교의 자유와 언론의 자유를 통해 비신자들도 스스로 판단하고 신자들을 비판할 수 있게 되었다. 이러한 특권이 없었다면 사회의 번영은 저해되었을 것이다.
- 기독교인들은 또한 이와 같은 표현의 자유를 통해 동료 신자들이 자신의 신념과 행동으로 공동선을 훼손할 때 그들을 책망하고 가르쳤다.
- 가이사랴의 바실리우스, 존 밀턴, 로저 윌리엄스 등 다양한 역사적 인물들이 교회의 정직성을 지키기 위해 교회를 비판하는 이들의 손을 들어주었다.

나머지 이야기

 표면적으로 보면 지금까지 우리가 살펴본 이 책의 핵심 질문은 꽤나 심각한 것처럼 보인다. 하지만 조금 더 깊이 복음의 중심으로 들어가 보면 이 문제는 결국 놀라울 정도로 그 형체가 사라져버리고 만다. 왜냐하면 최종적으로 내리게 되는 결론이 기독교인은 나쁘지 않다는 것이기 때문이다. 오히려 그들은 완전하다고 할 수 있다. 그들의 행위가 그런 것이 아니고, 그들의 죄를 씻기 위해 십자가에 달려 죽으신 구원자 예수님의 행위가 그런 것이다. 따라서 그들이 죄를 회개하고 믿음으로 그분께 돌아간다면, 그들의 악행은 말끔히 도말되어 버린다. 이는 순전한 은혜이다.

 성경에는 이러한 가르침이 다음과 같이 여러 구절에서 나타난다.

"내가 여호와로 말미암아 크게 기뻐하며 내 영혼이 나의 하나님으로 말미암아 즐거워하리니 이는 그가 구원의 옷을 내게 입히시며 공의의 겉옷을 내게 더하심이 신랑이 사모를 쓰며 신부가 자기 보석으로 단장함 같게 하셨음이라"(사 61:10). "만일 우리가 우리 죄를 자백하면 그는 미쁘시고 의로우사 우리 죄를 사하시며 우리를 모든 불의에서 깨끗하게 하실 것이요"(요일 1:9).

그래서 우리는 그 은혜를 찬송으로 부르기도 한다. 에드워드 모우트 Edward Mote가 쓴 "이 몸의 소망 무언가"의 한 구절을 들어보자.

바라던 천국 올라가
하나님 앞에 뵈올 때
구주의 의를 힘입어
어엿이 바로 서리라

다시 말하지만, 기독교인이 개탄스러운 일을 저지르기도 하고, 명예롭지 못한 일을 하여 정의의 심판을 받기도 한다는 것은 부인할 수 없는 사실이다. 또한 이를 확인하기 위해 외부의 사례들을 찾아볼 필요도 없이 우리 자신만 살펴보더라도 충분히 수치를 느끼고도 남는다. 그렇다면 우리는 어떻게 '보좌 앞에 흠 없이' 설 수 있는가? 그것은 무분별한 신용카드 사용으로 감당할 수 없는 빚을 진 대학생 자녀가 눈물을 흘리며 아버지께 용서를 구하고 그 빚을 탕감해달라고 하는 것과 같은 식이다. 그 자녀는 재정적으로 파산한 것처럼 보이지만, 사실은 모든 빚이 청산되었다. 이는 마치 일종의 착시현상과도 같다. 잘못을 저지른 것이 저주받을 만한 일처럼 보이겠지만, 기독교인의 경우에는 그렇지 않다. 왜냐하면 구원은 의로운 행위를 통해서가 아니라 믿음을 통해 은혜로 주어지는 것이기 때문이다.

이젠 내가 좀 어떤가요?

내슈빌에 사는 사람으로서 내가 컨트리 노래 한 곡을 인용하는 것에 양해를 바란다. 토비 키스Toby Keith의 "이젠 내가 좀 어떤가요?"How Do You Like Me Now?는 샤덴프로이데*로 가득 찬 기독교적이지 못한 노래이다. 하지만 본서의 주제와 관련하여 이 노래의 가사를 유용하게 적용해볼 수 있다. 노래의 전반부는 고등학교 시절 자신에게 냉담하고 무관심했던 예쁜 여학생을 회상하며 시작한다. 그리고 후반부에 들어서는 학교를 졸업한 이후 서로가 걸어온 길을 되짚어보며 현재 스타가 되어 무대 위에 서 있는 자신의 모습을 그려본다. 그런 뒤에 토비는 이렇게 노래한다.

---

* 고통을 뜻하는 독일어 "schaden"과 기쁨을 뜻하는 독일어 "freude"의 합성어로, 타인의 고통이나 불행을 보며 기쁨이나 희열을 느끼는 것을 의미한다.

이젠 내가 좀 어떤가요

지금 나는 잘 나가고 있는데

아직도 내가 미쳐서 오늘 이 자리에 서 있다고 생각하나요

당신이 나를 사랑하게 만들 수는 없었지만

나는 언제나 당신의 라디오 안에 사는 꿈을 꾸었죠

이젠 내가 좀 어떤가요

물론 앞서 설명했던 것처럼 토비의 씁쓸한 승리주의는 기독교의 은혜와 거리가 멀지만, 가사의 내용에는 강력한 기독교의 진리가 담겨 있다. 회의주의자들(예수님이 아닌 그 밖의 사람이나 물건을 신뢰하는 이들)에게는 기독교인들이 별 볼 일 없고 심지어 혐오감을 주기도 하겠지만, 곧 다가올 언젠가 우리는 비로소 '세상과 육체, 그리고 사탄'의 해롭고 파괴적인 영향력으로부터 자유를 얻게 될 것이다.

또한 이 땅에서 우리의 모습은 다소 실망스러울 수 있지만, 그것은 하늘의 영원한 삶에 비하면 그저 한순간에 불과하다. 거기서 우리는 더 이상 죄에 넘어지거나, 실패에 대해 불평하거나, 미혹하는 일에 탁월한 사탄의 거짓말에 굴복하지 않을 것이다. 그곳에서 우리는 호감 가고 사려 깊은 모습으로 변화될 것이다.

그런가 하면 물질적 풍요, 학문적 또는 자선적 칭송, 유명인의 지위, 육체적 쾌락, 이념적 열정, 정치적 권력과 '한 몸이 된' 사람은 이 땅에서 그의 영혼이 지옥 같은 고통에 시달리다 끝내 지옥에 던져질

것이다. (변증학책에서 이런 말을 하면 안 된다는 것을 잘 안다. 그러나 우리 변증학자들은 반대자들이나 양심이 연약한 이들에게 잘 보이기 위해 성경적 신념을 가리거나 감추지 않도록 조심해야 한다. 내 동료 한 분이 했던 말처럼, "변증학은 이단으로 빠지기 가장 쉬운 길이다." 또한 윌 메츠거Will Metzger가 전도에 관한 그의 책 『양보 없는 전도』[1])에서 주장한 바와 같이, 구원받을 사람은 정통 교리가 자신 앞에 놓일 때 그것을 음미할 것이다.)

그러므로 삶을 균형 있게 바라본다면(사후 세계를 포함하여), 기독교인들이 '그렇게 나쁘다'고 할 수는 없다. 그럼에도 진정한 기독교인이라면, 다시 말해서 참된 구속의 은혜를 받은 사람이라면, 이 땅에서도 다가올 삶의 영광스러운 모습을 비춰주어야 한다.

배 위의 재수 없는 날

토비 키스의 노래에 나오는 여고생과 이 땅의 나쁜 기독교인들의 신앙을 거부하는 회의론자 사이의 차이점을 주목해보자. 이제 어른이 된 그 여고생은 토비가 놀라운 위치에 올라가 남들이 부러워할 만한 삶을 살고 있음을 분명히 볼 수 있다. 어쩌면 과거에 자신의 판단이 실수였다는 결론에 이르게 될지도 모른다. 하지만 불신자들이 이 땅이나 하늘에서 살아가는 성도의 모습에 만족할 수 있을지 여부는 분명하지 않다.

이와 관련하여 가끔 설교에서 어떤 도박꾼의 이야기를 할 때가 있다. 이 도박꾼은 선착장으로 가는 길에서 강을 건너와 곧 배에서 내릴 승객들에게서 돈을 따게 될 날을 생각하며 즐거워하고 있었다. 그런데 황당하게도 그가 도착할 즈음에 배는 뱃머리를 돌려 부두에서 멀어지고 있었다. 놀란 도박꾼은 필사적으로 몸을 날려 약 2미터 정도 거리를 뛰어넘어 배의 갑판 위에 나뒹굴었다.

도박꾼은 겨우 배 안에 들어갔지만, 이내 큰 실망감을 느꼈다. 왜냐하면 이 배는 한 교회에서 당일 유람선 여행을 위해 빌린 것이었고, 배 안의 어떤 사람도 그와 포커를 하려 하지 않았기 때문이다. 그뿐 아니라 승객들은 쉴 새 없이 복음송을 불렀고, 직접 가지고 온 음식을 나누어 먹으며 교제를 나누는 중간 중간에 다양한 발표자들의 감동적인 이야기들을 듣고 있었다. 도박꾼에게 그날은 참으로 고통스러운 날이 아닐 수 없었다. 그는 자신에게 닥친 불행과 주변에 있는 행복한 사람들이 너무도 혐오스러웠다.

이와 마찬가지로, 불신자들이 구속받은 천국 백성의 아름다운 모습을 좋아할지는 의문이다. 그들과 함께 오래 있고 싶어 할 리도 만무하고, 무엇보다 그들이 저지른 나쁜 짓들을 생각했을 때 그들이 기뻐하는 모습에 경악할 것이다. 그런 의심스러운 사람들에게 자비와 은총이 베풀어지는 모습이 보기에 거북할지도 모른다. 게다가 소위 '구속받은' 이 사람들은 어떻게 그토록 많은 고통과 혼란을 초래한 신 앞에 엎드려 그를 경배할 수 있단 말인가? 한마디로 도무지 이해할 수 없는 일이다.

물론 기독교인이 아닌 사람도 기독교인이 사회와 개인을 위해 한 일들을 존경하고 존중할 수 있다. 이미 우리는 그런 인물들을 여럿 살펴보았다. 예를 들어, 매튜 패리스와 아얀 히르시 알리 외에도 여러 사람이 있고, 이스라엘에 있는 홀로코스트 박물관인 야드 바솀Yad Vashem에서는 '여러 나라의 의인들'이라는 이름하에 네덜란드인 캐스퍼 텐 붐Casper ten Boom(그리고 그의 딸 코리Corrie)과 부다페스트에서 스코틀랜드 교회의 선교사로 일했던 제인 헤이닝Jane Haining 같은 신자들을 높이 칭송하기도 한다.

가장 깊은 수준에서 복음을 찬양하고 옹호하는 사람들은 은혜에 관한 배타적인 주장을 하고, 회개와 거룩한 삶을 요구한다. 그들은 구속받지 못한 이들의 눈에 불쾌하지는 않더라도 최소한 낯설게 비치는 것이 사실이다. 신약성경은 권고나 모범을 통해 다양한 방식으로 이 점을 분명히 보여준다.

소수의 좋은 남녀를 찾아

1971년부터 1984년까지 미 해병대에서는 모병 운동을 벌였는데, 당시 '해병대는 소수의 좋은 남성을 찾고 있습니다'라는 문구가 실린 포스터를 내걸고, 또 린 앤더슨Lynn Anderson의 잘 알려진 노래인 "우리는 장밋빛 꽃밭을 약속하지 않아요"라는 노래를 함께 틀어놓았다.

어떻게 보면 교회의 입장도 이와 **같을** 수 있고, 또 어떻게 보면 **같지 않을** 수도 있다.

우선, '같지 않은' 부분을 보자. 고린도전서 1장 26-29절에 보면 하나님께서는 아무것도 아닌 사람으로 일꾼을 세우시기를 기뻐하신다. 따라서 하나님은 그분의 교회를 위한 '최고의 인재'를 찾기 위해 세상 구석구석을 뒤지지 않으신다. 그러나 여기에는 아주 중요한 '같은' 부분도 존재한다. 즉 주님께서는 죄를 회개하고 죄 사함에 감사하며 그분께 순복하는 이들에게 엄청난 일을 행하신다는 점이다. 그리고 이처럼 세상의 빛과 소금이 되어 부패를 방지하고 어두운 곳에 빛을 비추는 일은 대다수의 일반 대중에게 허락된 일이 아니라는 점이다.

사실 교회에 다닌다고 하는 사람들의 거의 대다수도 이러한 일을 하지 못한다. 흔히 교인의 20% 정도가 교회의 구제와 봉사의 80%를 담당한다고 하니 이는 소수 중에서도 소수의 일이다. 그러나 이렇게 성숙한 소수의 기독교인이 미치는 잠재적 영향력은 헤아릴 수 없이 크다. 또한 오늘은 기독교를 비판했던 사람이 내일은 신앙의 영웅이 될 수도 있다. 기독교 전체에 대해 가졌던 회의주의가 그리스도와 그분의 교회의 명예를 위한 열정으로 바뀌고, 특히 영적인 형제자매들의 실망스러운 행동에 자신의 모범적인 행위로 대응하라는 부름을 받으면 그와 같은 열정이 배가된다.

하지만 주의해야 할 점은 그곳이 결코 꽃밭이 아니라는 점이다. 요한복음 15장 18-19절에서 예수님께서 말씀하신 것처럼 "세상이 너희를 미워하면 너희보다 먼저 나를 미워한 줄을 알라 너희가 세상에 속하였으면 세상이 자기의 것을 사랑할 것이나 너희는 세상에 속한 자가 아니요 도리어 내가 너희를 세상에서 택하였기 때문에 세상이 너희를 미워하느니라." 그리고 그러한 미움은 어느 정도의 배척과 비방 그리고 배신은 물론이요, 세상 어느 곳에서는 신체적 폭력과 함께 일어나기도 한다. 그러나 그것은 충분히 가치 있는 일이다.

자, 교회가 엉망진창인가? 그렇다면 그 안으로 들어와 그곳을 더 좋은 곳으로 만들어보라.

요점 정리

- 기독교인들은 세상과 육체, 그리고 사탄의 악하고 부패한 영향력에서 자유를 얻게 될 날을 고대한다. 그날이 오면 그들은 영원토록 완전해질 것이다.

- 앞에서 본 것처럼 기독교인이 세상 안팎의 사람들에게 존경받지 못할 것임은 분명해 보인다.

- 기독교를 비판하는 이들은 교회의 연약함을 인정하고 그리스도께 나아와 더 나은 일을 해야 할 것이다.

── 이렇게 마무리해보자 ⟶

Step 1. 이 책의 핵심 질문을 다시 떠올려보자. 내가 받은 유사한 질문들이 있는가? 아니면 스스로 그런 의문이 들었던 순간이 있는가?

Step 2. 이 책을 통해 깨닫게 된 것이 있다면, 이를 바탕으로 '기독교가 그렇게 좋다면, 기독교인들은 왜 그렇게 나쁜가?'라는 질문에 어떻게 답할 수 있겠는가?

Step 3. 기독교에 대해 비판적이거나 궁금해하는 사람들의 질문을 받을 때, 기독교인이라면 신앙적으로 어떤 태도를 보여야 하는가?

Step 4. 질문이나 비판을 받는 상황이 두렵거나 어떻게 해야 할지 난감한 경험이 있을지도 모른다. 그럴 때는 먼저 성령님의 도우심을 구하는 기도를 작성해보자.

주

들어가며

1) Eric Idle, *Always Look on the Bright Side of Life: A Sortabiography* (New York: Crown Archetype, 2018), 99.

2. 질문에 대한 책임은 우리에게 있다

1) Thomas Craughwell, *Saints with a Past: A Study of Conversion in the Lives of Eight Notorious Sinners*, 오디오 CD-무삭제판 (Catholic Courses, 2011).

2) 데이빗 윌커슨, 존 & 엘리자베스 쉐릴(John and Elizabeth Sherill), *The Cross and the Switchblade*, (Old Tappan, NJ: Spire/Flemming H. Revell), 91. 『십자가와 칼』, 탁영철 옮김 (서울: 베다니출판사, 2011).

3) Louis S. Zamperini, *Olympian Oral History*, Interview with George A. Hodak (Los Angeles: LA84 Foundation, 1988), 89. https://reasonabletheology.org/the-rest-of-the-story-louis-zamperini-after-unbroken/. 2021년 10월 20일 접속.

4) *Conversions: The Christian Experience*, 휴 커어, 죤 멀더 편저 (Grand Rapids: Eerdmans, 1983). 『위대한 회심자들』, 김영봉 옮김 (서울: 생명의말씀사, 1987).

3. 넘쳐나는 '나쁜 기독교인'의 사례

1) William Dalrymple, *From the Holy Mountain: A Journey in the Shadow of Byzantium* (London: Flamingo/HarperCollins, 1997), 253-255.
2) 폴 비츠, *Faith of the Fatherless: The Psychology of Atheism* (Dallas: Spence, 1999), 34. 『무신론의 심리학』, 김요한 옮김 (서울: 새물결플러스, 2012).
3) *The Negro Travelers' Green Book: Guide for Travel and Vacations* (New York: Victor H. Green & Company, 1959), 9.
4) Emo Philips, 'The best God joke ever—and it's mine!' *The Guardian* (September 29, 2005). https://www.theguardian.com/stage/2005/sep/29/comedy.religion. 2018년 6월 25일 접속.

4. 성경은 이렇게 말한다

1) *The Inferno of Dante: A New Verse Translation*, Robert Pinsky (Farrar, Straus and Giroux, 1994), 151. 『단테의 신곡(하)』, 최민순 옮김 (서울: 가톨릭출판사, 2021).

5. 정말 그러한가? 가짜 고백자들

1) 크리스토퍼 히친스, 리처드 도킨스(Richard Dawkins), 샘 해리스(Sam Harris),

대니얼 데닛(Daniel Dennett), *The Four Horsemen: The Conversation That Sparked An Atheist Revolution* (New York: Random House, 2019), xi. 『신 없음의 과학: 세계적 사상가 4인의 신의 존재에 대한 탐구』, 김명주 옮김, 장대익 해제 (서울: 김영사, 2019).

2) Fortieth Statewide Investigating Grand Jury, REPORT—I, Interim—Redacted. https://www.courthousenews.com/wp-content/uploads/2018/08/pa-abusereport.pdf. 2018년 11월 4일 접속.

3) C. S. 루이스, *Mere Christianity* (New York: Touchstone, 1996), 26. 『순전한 기독교』, 장경철, 이종태 옮김 (서울: 홍성사, 2001), 41.

4) 마셜 셸리, *Well-Intentioned Dragons: Ministering to Problem People in the Church* (Waco: Word/Christianity Today, 1985). 『선의의 가면을 쓴 용들: 실패를 딛고 일어선 적극적인 목회자의 목회 성공담』, 김진수 옮김 (서울: 가이드포스트코리아, 1995).

6. 정말 그러한가? 의심스러운 이야기들

1) *The Associated Press Stylebook and Briefing on Media Law 2017*, edited by Paula Froke, Anna Jo Bratton, Oskar Garcia, David Minthorn, Karl Ritter and Jerry Schwartz (New York: Basic, 2017), 390.

2) Père H. Delehaye, *The Legend of the Saints: An Introduction to Hagiography*, translated by V. M. Crawford (London: Notre Dame/Longmans, Green, 1961), 25.

3) Odo John Zimmerman transl. *St. Gregory the Great: Dialogues* (New York: Fathers of the Church, Inc., 1959) in *Medieval Saints: A Reader*, edited by Mary-Ann Stouck (Peterborough, Ontario, Canada: 1999), 179.

4) 크리스토퍼 히친스, 리처드 도킨스, 샘 해리스, 대니얼 데닛, *The Four Horsemen: The Conversation That Sparked An Atheist Revolution* (New York: Random House, 2019), 125-126. 『신 없음의 과학: 세계적 사상가 4인의 신의 존재에

대한 탐구』, 김명주 옮김, 장대익 해제 (서울: 김영사, 2019).

5) 리튼 스트레이치, *Eminent Victorians* (New York: Penguin Modern Library, 1933), 151-190. 『빅토리아 시대 명사들』, 이태숙 옮김 (서울: 경희대학교출판부, 2003).

6) 새뮤얼 버틀러, *The Way of All Flesh* 제임스 코크레인(James Cochrane) 편집 (Harmondsworth, Middlesex, England: Penguin, 1903, 1971년 재판 발행), 124-125. 『만인의 길』, 조기준, 남유정 옮김 (고양: 아토북, 2021).

7) Henry Kamen, *The Spanish Inquisition: A Historical Revision*, Fourth Edition (New Haven: Yale, 2014), chapter 15, 'Inventing the Inquisition.'

8) Kamen, 253.

9) *Galileo Goes to Jail, and Other Myths About Science and Religion*, 로널드 넘버스(Ronald L. Numbers) 편집 (Cambridge: Harvard, 2009), 1-2. 『과학과 종교는 적인가 동지인가』, 김정은 옮김 (파주: 뜨인돌출판사, 2015).

10) 캐서린 파크(Katharine Park), '중세 교회는 인체 해부를 전면 금지했다?(That the Medieval Church Prohibited Human Dissection),' in *Galileo Goes to Jail*, 44-45. 『과학과 종교는 적인가 동지인가』.

11) 졸 섀클포드(Jole Shackelford), '조르다노 브루노는 근대과학으로 인한 최초의 순교자였다?(That Giordano Bruno Was the First Martyr of Modern Science),' in *Galileo Goes to Jail*, 60-62. 『과학과 종교는 적인가 동지인가』

12) 노아 J. 에프론(Noah J. Efron), '현대 과학은 기독교 신앙에서 태어났다?(That Christianity Gave Birth to Modern Science),' in *Galileo Goes to Jail*, 85. 『과학과 종교는 적인가 동지인가』.

13) 리랜드 라이큰, *Worldly Saints: The Puritans As They Really Were* (Grand Rapids: Zondervan/Academie, 1986). 『청교도 이 세상의 성자들』, 김성웅 옮김 (서울:생명의말씀사, 2017 [초판 발행 1995]).

14) Penn Jillette, 'A Gift of a Bible', 유튜브 영상. https://www.youtube.com/watch?v=6md638smQd8

15) Matthew Parris, 'As an Atheist, I Truly Believe Africa Needs God,' *The*

Times 온라인, 2008년 12월 27일자: https://www.thetimes.co.uk/article/as-an-atheist-i-truly-believe-africa-needs-god-3xj9bm80h8m. 2018년 12월 29일 접속.

16) Ayaan Hirsi Ali, *Nomad: From Islam to America: A Personal Journey Through the Clash of Civilizations* (New York: Free, 2010), 240.

17) S. E. Cupp, *Losing Our Religion: The Liberal Media's Attack on Christianity* (New York: Threshold, 2010), 10.

7. 정말 그러한가? 도덕적 동등성의 오류

1) 크리스토퍼 히친스, 리처드 도킨스, 샘 해리스, 대니얼 데닛, *The Four Horsemen: The Conversation That Sparked An Atheist Revolution* (New York: Random House, 2019), 123. 『신 없음의 과학: 세계적 사상가 4인의 신의 존재에 대한 탐구』. 김명주 옮김, 장대익 해제 (서울: 김영사, 2019).

2) Bradley R. E. Wright, *Christians are Hate-Filled Hypocrites … and Other Lies You''ve Been Told: A Sociologist Shatters Myths from the Secular and Christian Media* (Minneapolis: Bethany House, 2010), 152.

3) *The Four Horsemen*, 101-102.

4) Stephane Courtois, Nicolas Werth, Andrzej Paczkowski, Karel Bartosek, Jean-Louis Margolin, translated by Jonathan Murphy and Mark Kramer, consulting editor Mark Kramer, *The Black Book of Communism: Crimes, Terror, Repression* (Cambridge: Harvard University Press, 1999).

5) 위의 책, 116.

6) Legatees of a Great Inheritance: How the Judeo-Christian Tradition Has Shaped the West (Kairos Journal, 2008). https://www.kairosjournal.org/misc/FINAL.%20Legatees%20of%20a%20Great%20Inheritance.pdf.

8. 기독교인의 항체: 경건 생활과 교회 생활

1) William Francis Patrick Napier, *The History of General Sir Charles Napier's Administration of Scinde, and Campaign in the Cutchee Hills* (London: C. Westerton, 1851), 35.

2) C. S. 루이스, *Mere Christianity* (New York: Touchstone/Simon & Schuster, 1980 [초판은 MacMillan, 1943]), 105-106. 『순전한 기독교』, 장경철, 이종태 옮김 (서울: 홍성사, 2001), 186-187.

3) Eve LaPlante, *Salem Witch Judge: The Life and Repentance of Samuel Sewall* (New York: HarperOne, 2007), 200.

4) 도널드 휘트니, *Spiritual Disciplines for the Christian Life* (Colorado Springs: NavPress, 1991), 192. 『영적 훈련』 (서울: 네비게이토출판사, 1997). 그 외에도 휘트니는 성경 읽기, 기도, 예배, 전도, 봉사, 청지기의 도, 일기 쓰기 및 배움 등을 제시한다.

5) Clovis Gillham Chappell, 'Great Living,' *20 Centuries of Great Preaching*, vol. 9 (Waco, Texas: Word, 1971), 233.

6) 이 세 가지의 대표적 언약은 *Baptist Confessions, Covenants, and Catechisms*, edited by Timothy and Denise George (Nashville, B&H, 1996), 171-224에 실려 있다.

7) Tin Tin Aye and Jack McElroy, *Adoniram Judson's Soul Winning Secrets Revealed: An Inspiring Look at the Tools Used by 'Jesus Christ's Man' in Burma* (Shirley, Massachusetts: McElroy, 2013), [킨들 버전] 599-708.

8) Jonathan Edwards, 'An Humble Attempt to Promote Explicit Agreement and Visible Union of God's People in Extraordinary Prayer, For the Revival of Religion and the Advancement of Christ's Kingdom on Earth,' *The Works of Jonathan Edwards, Volume Two* (Edinburgh: Banner of Truth Trust, 1974 [초판 발행 1834]), 293.

9) 조나단 리먼, *Church Discipline: How the Church Protects the Name of Jesus* (Wheaton: Crossway, 2012). 『교회의 권징』, 정혜인 옮김, (서울: 부흥과개혁사, 2016).

9. 기독교인의 항체: 가정과 교회를 넘어

1) J. Edwin Orr, *The Flaming Tongue: The Impact of Twentieth Century Revivals* (Chicago: Moody, 1973), 17, 49, 124, 152, 163.

2) 'Three Creeks—1864,' *Arkansas Baptist Revivals: A Sampler* (Little Rock: Evangelism Department, Arkansas Baptist State Convention: 1988).

3) Rev. J. Williams Jones, *Christ in the Camp or Religion in the Confederate Army* (Harrisburg, Virginia: Sprinkle Publications, 1887).

4) 'Mountain Pine—1987,' Mark Coppenger, *Arkansas Baptist Revivals: A Sampler*, 145, 면담 모음에서 인용.

5) Francisco de Vitoria, *Political Writings*, edited by Anthony Pagden and Jeremy Lawrence (Cambridge: Cambridge University Press, 1991), 250, 346.

6) 칼 헨리, *The Uneasy Conscience of Fundamentalism* (Grand Rapids: Eerdmans, 1947), 4. 『복음주의자의 불편한 양심』, 박세혁 옮김, (서울: IVP, 2024 [초판 발행 2009]).

7) *NKJV Unapologetic Study Bible: Confidence for Such a Time as This* (Nashville: Thomas Nelson, 2017), 1376.

8) *Unapologetic Study Bible*, 1471.

9) Desiderius Erasmus, 'The Praise of Folly,' translated by Leonard F. Dean, *Essential Works of Erasmus*, edited by W.T.H. Jackson (New York: Bantam, 1965), 412–413.

10) Erasmus, 416–417.

11) Blaise Pascal, 'The Provincial Letters,' IV and V, in *Great Books of the Western World*, vol. 33, edited by Robert Maynard Hutchins (Chicago: Encyclopedia Britannica, 1952), 19–35.

12) Michael Reneau, 'An easy "A"', *WORLD* (September 12, 2018). https://world.wng.org/2019/09/an_easy_a. 2020년 1월 6일 접속.

10. 신앙의 환경 보호

1) John Milton, *Areopagitica and Other Writings*, edited by William Poole (London: Penguin, 2014), 108.

2) *Areopagitica*, 111.

3) St. Basil of Caesarea, quoted in *Daily Readings: The Early Church Fathers*, edited by Nick Needham (Tain, Ross-shire: Christian Heritage/Christian Focus, 2017), May 26.

4) David M. Goldenberg, *Black and Slave: The Origins and History of the Curse of Ham* (Berlin/Boston: DeGruyter, 2017), 119-120, 216.

5) Steven M. Gillon, *10 Days that Unexpectedly Changed America* (New York: Broadway, 2006), 250-251.

6) Peter Marshall, *The Senate Prayers of Peter Marshall* (Sandwich, Massachusetts: Chapman Billies, 1996), 20-21.

7) Marshall, 42-43.

나머지 이야기

1) 윌 메츠거, *Tell the Truth: The Whole Gospel to the Whole Person by Whole People: A Training Manual on the Message and Methods of God-centered Witnessing* (Downers Grove: InterVarsity, 1984). 『양보 없는 전도』, 조계광 옮김, (서울: 생명의말씀사, 2005).

사명선언문

너희가 흠이 없고 순전하여……세상에서 그들 가운데 빛들로
나타내며 생명의 말씀을 밝혀 _ 빌 2:15-16

1. 생명을 담겠습니다
만드는 책에 주님 주신 생명을 담겠습니다.
그 책으로 복음을 선포하겠습니다.

2. 말씀을 밝히겠습니다
생명의 근본은 말씀입니다.
말씀을 밝혀 성도와 교회의 성장을 돕겠습니다.

3. 빛이 되겠습니다
시대와 영혼의 어두움을 밝혀 주님 앞으로 이끄는
빛이 되는 책을 만들겠습니다.

4. 순전히 행하겠습니다
책을 만들고 전하는 일과 경영하는 일에 부끄러움이 없는
정직함으로 행하겠습니다.

5. 끝까지 전파하겠습니다
모든 사람에게, 땅 끝까지, 주님 오시는 그날까지
복음을 전하는 사명을 다하겠습니다.

서점 안내

광화문점	서울시 종로구 새문안로 69 구세군회관 1층 02)737-2288 / 02)737-4623(F)
강남점	서울시 서초구 신반포로 177 반포쇼핑타운 3동 2층 02)595-1211 / 02)595-3549(F)
구로점	서울시 동작구 시흥대로 602, 3층 302호 02)858-8744 / 02)838-0653(F)
노원점	서울시 노원구 동일로 1366 삼봉빌딩 지하 1층 02)938-7979 / 02)3391-6169(F)
일산점	경기도 고양시 일산서구 중앙로 1391 레이크타운 지하 1층 031)916-8787 / 031)916-8788(F)
의정부점	경기도 의정부시 청사로47번길 12 성산타워 3층 031)845-0600 / 031)852-6930(F)
인터넷서점	www.lifebook.co.kr